新 JLPT
일본어능력시험

N1 직전대책

15회분
실전모의고사

언어지식 문자·어휘 / 문법

시사일본어사

머리말

일본어능력시험은, 일본어를 모국어로 하지 않는 사람의 일본어 능력을 측정하고 인정하는 시험으로서, 국제교류기금과 일본 국제교육지원협회에 의해 실시되고 있습니다.

시험개시부터 25년 이상이 지나, 2010년부터는 시험이 개정되고, 구시험보다 커뮤니케이션 능력을 더 많이 측정하는 시험이 되었습니다.

일본어능력시험의 개정에 맞춰, 「직전대책 시리즈」도 신시험의 경향에 맞춰, 전면적으로 내용을 개정하게 되었습니다. 「新 직전대책 시리즈」의 첫 번째 교재가 본 교재입니다.

문자 · 어휘, 문법은 구시험에 비해 득점의 비중은 낮아졌습니다만, 그래도 독해나 청해 시험에서 어휘력 · 문법력이 시험결과를 좌우 하는 것에는 변함이 없습니다. 본 교재에서는 실제 시험의 형식 과 같은 모의 테스트에 더해, 부록으로 중요 어휘를 연습문제와 함께 정리해서 실었습니다.

본 교재가 학습자 여러분의 시험대책에 도움이 되고, 여러분이 시험에 합격 하기를 진심으로 바랍니다.

2010年 8月

일본어능력시험 문제연구회

목 차

머리말

본 교재의 사용법

모의 테스트에 도전!

본 교재의 사용법

● 본 교재는 일본어능력시험(Japanese Language Proficiency Test)의 N1 레벨을 수험하는 학습자를 위한 대책문제집입니다.

N1의 시험과목, 시험시간은 아래와 같습니다.
언어지식(문자 · 어휘, 문법) · 독해(110분)
청해(60분)

본 교재는 언어지식의 「문자 · 어휘」, 「문법」의 문제로 구성되어 있습니다. 「독해」, 「청해」 문제는 없습니다.

● 「모의 테스트에 도전!」 파트에는 15회분의 모의 테스트가 수록되어 있습니다. 목표시간내에 모두 풀고 다시 살펴 볼 수 있도록 합니다.

시험문제는 구시험 1급의 레벨보다 조금 어렵게 설정되어 있습니다.

● 부록 「중요어휘 및 연습문제」에서는 기본적으로 모의테스트에 출제된 것 이외의 어휘에서 중요한 것을 정리해 놓았습니다.

● 모의테스트, 연습문제의 정답은 별책에 있습니다.
모든 문제의 정답, 모의테스트 문제 5와 문제 6의 핵심 포인트 해설과 연습문제의 정답이 들어있습니다.

모의테스트에 도전 !

모의 테스트

정답 → 부록 p.38

목표시간
50분

問題1 _____の言葉の読み方として最もよいものを、1・2・3・4から一つ選びなさい。

1 住民の<u>強硬</u>な反対にあい、ごみ処理場の建設は見送られた。
　1　ごうこう　　　　2　きょうこう　　　3　ごうじょう　　　4　きょうご

2 今回の調査で考古学の通説を<u>覆す</u>大発見がなされた。
　1　くつがえす　　　2　もたらす　　　　3　くずす　　　　　4　ゆるがす

3 セミナーの応募<u>動機</u>はさまざまだが、学びたいという意志は共通していた。
　1　どうぎ　　　　　2　とうぎ　　　　　3　どうき　　　　　4　どき

4 新しい空港の建設費は、当初の予算の<u>枠</u>を大幅に超えてしまった。
　1　ふち　　　　　　2　わく　　　　　　3　いき　　　　　　4　かべ

5 優秀な技術者を率いて、海外の工場へ<u>赴いた</u>。
　1　みちびいた　　　2　まねいた　　　　3　でむいた　　　　4　おもむいた

6 なぜ売り上げが最近落ち込んだのか、問題点を<u>箇条書き</u>にする。
　1　かじょうかき　　2　かじょうがき　　3　かしょうがき　　4　がしょうかき

問題2　（　　　）に入れるのに最もよいものを、1・2・3・4から一つ選びなさい。

7　現代は、地球（　　　）でのさまざまな問題に直面している。

1　空間　　　　　　2　体勢　　　　　　3　規模　　　　　　4　基準

8　小説の舞台にもなったこの旅館は（　　　）性の問題で取り壊されることになった。

1　耐震　　　　　　2　普遍　　　　　　3　火災　　　　　　4　柔軟

9　突然、大企業倒産のニュースが流れ、世界に大きな（　　　）が走った。

1　稲妻　　　　　　2　激流　　　　　　3　衝撃　　　　　　4　電報

10　電柱を土中に埋めるだけでも、町の景観は（　　　）改善される。

1　莫大に　　　　　2　大幅に　　　　　3　膨大に　　　　　4　大量に

11　子どもの学力低下をくい止めるため、教育への（　　　）を最優先すべきだ。

1　貯蓄　　　　　　2　買収　　　　　　3　金融　　　　　　4　投資

12　学生課では問題や悩みを解決し、楽しい学生生活が送れるよう（　　　）します。

1　キープ　　　　　2　ストック　　　　3　サポート　　　　4　シェア

13　注文確定後のキャンセルはできませんので（　　　）ご了承ください。

1　はなはだ　　　　2　あしからず　　　3　なおさら　　　　4　さぞ

問題3　_____の言葉に意味が最も近いものを、1・2・3・4から一つ選びなさい。

14　国内でさんざん<u>けなされた</u>この映画は皮肉にも海外の映画祭で最優秀作品賞を受賞した。

1　批評された　　　　2　非難された　　　　3　比較された　　　　4　中断された

15　今回の失敗は<u>うぬぼれている</u>彼女にはいい薬となった。

1　思い余って　　　　2　思い悩んで　　　　3　思い上がって　　　4　思い込んで

16　明るく、人当たりのよい人物が、わが社の採用の<u>不可欠</u>条件です。

1　なくてはならない　　　　　　　　2　数少ない

3　やむを得ない　　　　　　　　　　4　間違いない

17　大学中退の話を持ち出すと、<u>案の定</u>両親の猛反対にあった。

1　思いきり　　　　2　思ったとおり　　　3　思いがけず　　　4　思わず

18　利息が銀行の5倍だなんて、君もよくそんな<u>うまい</u>話を信じたもんだ。

1　気のきいた　　　　2　都合がよすぎる　　3　上出来の　　　　4　こくのある

19　この広告は「アーバンライフ」を<u>基本概念</u>にしてデザインしました。

1　コンテスト　　　　2　コントラスト　　　3　コンテンツ　　　4　コンセプト

問題4　次の言葉の使い方として最もよいものを、1・2・3・4から一つ選びなさい。

20　ちらっと

1　あこがれのスターに会えるなんて<u>ちらっと</u>夢のようだ。

2　新緑の山々は<u>ちらっと</u>絵のように美しい。

3　こんな結果に終わるなんて<u>ちらっと</u>予想していなかった。

4　人事異動のことを親友に<u>ちらっと</u>話してしまった。

21 ノウハウ

1 その件につきましては出演者の都合により<u>ノウハウ</u>できません。

2 そのような<u>ノウハウ</u>な不正は絶対に許せない。

3 この音楽家の演奏は<u>ノウハウ</u>が個性的だ。

4 いい先輩から営業の<u>ノウハウ</u>を一から学べて幸運だった。

22 必然

1 この練習を続けていけば<u>必然</u>になる可能性が大きい。

2 このままではこの島の野生動物が死に絶えてしまうのは<u>必然</u>である。

3 鍵をかけ忘れたのは彼だという<u>必然</u>の証拠がある。

4 子どものころ将来はプロ野球の選手になると<u>必然</u>に考えていた。

23 未知

1 海にはまだ多くの<u>未知</u>の生物が存在している。

2 自分はなんて<u>未知</u>なんだろうと恥じるばかりだ。

3 <u>未知</u>な言葉についだまされてしまった。

4 あんなミスをしてしまって合格は<u>未知</u>になった。

24 まちまち

1 この公園は四季折々に色<u>まちまち</u>の花が咲く。

2 この学校は制服がないので生徒は<u>まちまち</u>の服装をしている。

3 あの先生は生徒の面倒を<u>まちまち</u>みてくれるので、父兄に人気がある。

4 先輩には<u>まちまち</u>お世話になり感謝のほかはございません。

25 こじれる

1 あんなこと言い出すなんて彼女の精神はついに<u>こじれて</u>しまったにちがいない。

2 あの2人はいつも<u>こじれて</u>仲が悪い。

3 彼のあの発言で、まとまりかけていた話し合いが<u>こじれて</u>しまった。

4 大雨の影響で地下鉄のダイヤが一日中<u>こじれて</u>しまった。

問題5 次の文の（　　　）に入れるのに最もよいものを、1・2・3・4から一つ選びなさい。

26 若者の車離れは、この不景気（　　　）ますます進み、車が売れなくなっている。

1　と反して　　　　　2　をともなって　　　3　とかかわって　　　4　とあいまって

27 老朽化した歌舞伎座は建て替えのため、本日の公演（　　　）いったん閉められます。

1　にして　　　　　　2　をもって　　　　　3　から　　　　　　　4　が最後

28 彼は倒れた会社を再び立て直す（　　　）、夜も寝ずに必死に努力した。

1　べく　　　　　　　2　ようと　　　　　　3　には　　　　　　　4　べき

29 A「彼女、結婚してから変わったなあ。」
　　B「すっかり所帯（　　　）しまったよね。」

1　じみて　　　　　　2　らしく　　　　　　3　っぽく　　　　　　4　みたいに

30 学生の将来を考え（　　　）、あえて簡単には卒業させないシステムになっている。

1　るために　　　　　2　ればこそ　　　　　3　たとしたら　　　　4　ようとして

31 一番になれとは言わない（　　　）、せめて恥ずかしくない成績をとってほしいものだ。

1　のに　　　　　　　2　まで　　　　　　　3　までも　　　　　　4　として

32 一言でもそんなことを彼女に（　　　）、怒り狂って二度と口をきいてはくれないよ。

1　言うとしたら　　　　　　　　　　2　言おうものなら
3　言おうが言うまいが　　　　　　　4　言ったばかりか

33 苦しい勉学に耐えて卒業したみなの、これからの活躍を祈って（　　　）。

1　やまない　　　　2　たまらない　　　3　いけない　　　　4　やらない

34 私ならばやり方を教えて（　　　）、まずは自分でやってみなさい。

1　あげられないわけだが　　　　　　2　あげようがないが
3　あげるはずないが　　　　　　　　4　あげられなくもないが

第一回

35 彼は自分を抑えることができない性格で、もし怒らせたら人殺し（　　　　）。

　1　だってしかねます　　　　　　　　2　だってしかねません

　3　さえせざるをえません　　　　　　4　さえするわけがありません

問題6　次の文の＿＿＿★＿＿＿に入る最もよいものを、1・2・3・4から一つ選びなさい。

36　この不景気で、就職＿＿＿＿＿　＿＿＿＿＿　＿＿★＿＿　＿＿＿＿＿人が少なくない。

　1　やむを得ず　　　　2　どうにもならず　　3　しようとしても　　4　無職でいる

37　たとえ試験が全部できても＿＿＿＿＿　＿＿＿＿＿　＿＿★＿＿　＿＿＿＿＿、くれぐれも
忘れないように。

　1　書き忘れたら　　2　名前を　　　　　3　それまで　　　　4　なんだから

38　A「山本先生はやさしいですね。ちっとも生徒をしからないし。」
　　B「いや、彼女は＿＿＿＿＿　＿＿★＿＿　＿＿＿＿＿　＿＿＿＿＿生徒をしかれないのだ
と思う。」

　1　嫌われるのが　　　　　　　　　　2　こわくて

　3　やさしいと　　　　　　　　　　　4　いうよりはむしろ

39　医師である＿＿＿＿＿　＿＿＿＿＿　＿＿★＿＿　＿＿＿＿＿患者の回復です。

　1　といったら　　　　　　　　　　　2　私にとってほかの

3うれしいこと　　　　　　　　　　4　何よりも

40　彼が最後の歌詞を＿＿＿＿＿　＿＿★＿＿　＿＿＿＿＿　＿＿＿＿＿満員の観客は立ち上
がって拍手した。

　1　が　　　　　　　2　終わる　　　　　3　早いか　　　　　4　歌い

問題7　次の文章を読んで　41　から　45　の中に入る最もよいものを、1・2・3・4から一つ選びなさい。

　　地面をニョロニョロはう茶色のミミズ (注1) を好きな人は、あまりいないだろう。しかしこのミミズは4億年もの間、地球の生物、環境に大きな恩恵を与えてきたのだ。

　　大食いのミミズは、自分の体重と同じくらいの落ち葉を食べる。そして大量のフンを出すが、その中には普通の土と比べてカリウムが11倍、リンが7倍、窒素は5倍含まれる。
　　41　ミミズは植物が日光から作った栄養を消化して、土に再生しているのだ。だからミミズがたくさんいる土はふっくらと柔らかく、有機物を大量に含み、農業に向いた土になる。

　　またミミズが地面の中を通ったあとは細長いトンネルになって、土はやわらかいスポンジのようになる。雨が降っても、水がすぐしみ込むので洪水にならない。また干ばつのときも、ミミズのいる土は水を含んでいるので、植物が　42　。

　　そのトンネルには植物が容易に根を伸ばすことができ、しかも中は栄養豊富なので、植物はますます成長するというわけだ。

　　43-a　は　43-b　が休んでいる間も、大地という工場でせっせとすばらしい土を生産し続ける、勤勉で優秀な労働者なのだ。

　　だが現代日本では気軽に殺虫剤を大量散布するようになり、ミミズが減っている。ミミズのいない土は固くなり、空気も雨水もしみ込まない土になる。　44　強健なミミズが殺虫剤に耐えたとしても、そのミミズを食べた小鳥や小動物が死んでしまう。

　　進化論で有名なイギリスの学者ダーウィン（Darwin）は、ミミズを研究し『ミミズと土』という本を著した。その中で書いている。「もしミミズがこの世にいなければ、植物は全滅してしまうだろう。世界の歴史において、ミミズ以上に重要な役割を果たした動物が、　45　」と。

（注）ミミズ＝環形動物の一種。

41

1 いわば 2 いわゆる 3 さらに 4 もしかすると

42

1 枯れるはずだ 2 枯れないことがない

3 枯れてしまう 4 枯れることがない

43

1 a 人間 ／ b ミミズ 2 a ミミズ ／ b 人間

3 a ミミズ ／ b 自然 4 a 人間 ／ b 自然

44

1 たとえ 2 たとえば 3 ところで 4 ところが

45

1 他にもいるはずだ 2 他にいないわけはないだろう

3 他にいるとは思えない 4 他にいるかもしれない

모의 테스트

정답 → 부록p.39

목표시간
50 분

問題1 ＿＿＿の言葉の読み方として最もよいものを、1・2・3・4から一つ選びなさい。

1 国際比較で、この国の若者の学力低下や意欲の減退が指摘される。

  1 ゆびさし   2 しってき   3 じてき   4 してき

2 夜型の生活は自律神経を乱し、睡眠障害にもつながりやすい。

  1 そらし   2 みだし   3 けなし   4 かわし

3 強烈な色彩で富士山を描く女流画家の展覧会に、たくさんの人が集まった。

  1 ごうかい   2 きょうこう   3 きょうれつ   4 ごうれつ

4 両者の案を折衷したものが、最終計画案として提出された。

  1 せつあい   2 せっしょう   3 せっすい   4 せっちゅう

5 会社を立て直すために、経営陣は社長に海外から人を招くという賭けに出た。

  1 もうけ   2 やけ   3 かけ   4 とけ

6 本番前の控え室で、彼は目を閉じて気持ちを集中させていた。

  1 ひかえしつ   2 ひがえしつ   3 ひかえじつ   4 ひがえじつ

問題2 （　　　）に入れるのに最もよいものを、1・2・3・4から一つ選びなさい。

⑦ （　　　）より高めだが省エネの設備を備えた住宅が注目を集めている。

1　市場　　　　　　2　場合　　　　　　3　相場　　　　　　4　営業

⑧ この工場跡地は土壌が（　　　）されているので、開発には時間がかかりそうだ。

1　汚染　　　　　　2　耕作　　　　　　3　農薬　　　　　　4　発掘

⑨ 返品や取り換えのときの（　　　）がいいので、この通信販売会社をよく利用する。

1　収納　　　　　　2　時機　　　　　　3　対応　　　　　　4　要領

⑩ 日本の文房具店は世界でも（　　　）を見ないほど、多くの品数を扱っている。

1　種　　　　　　　2　類　　　　　　　3　差　　　　　　　4　属

⑪ 食べ物に関しては安さより安全性を（　　　）しています。

1　調停　　　　　　2　優先　　　　　　3　補給　　　　　　4　融通

⑫ 一般的にこの病は簡単に治る病気ではないし、また（　　　）率も高い。

1　再生　　　　　　2　再然　　　　　　3　再発　　　　　　4　再開

⑬ 今年いっぱいでこの（　　　）鉄道は廃止されることになった。

1　コミカル　　　　2　エリア　　　　　3　リード　　　　　4　ローカル

問題3 _____の言葉に意味が最も近いものを、1・2・3・4から一つ選びなさい。

14 あの選手は自分の能力に誇りを持っている。
1 トラウマ　　　　2 コンプレックス　3 プライド　　　　4 モラル

15 この会社は将来を見通して、海外事業をさらに拡大することにした。
1 推進して　　　　2 予測して　　　　3 管理して　　　　4 観測して

16 日本の企業は依然として、新卒者採用に重点を置く傾向が強い。
1 むやみに　　　　2 ことごとく　　　3 あえて　　　　　4 あいかわらず

17 またセールスの電話か。このごろ頻繁にあるんでうんざりだ。
1 めいめい　　　　2 ちょくちょく　　3 ぽつぽつ　　　　4 まごまご

18 なんでこんなありふれた恋愛ドラマが人気があるのか不思議でならない。
1 格別な　　　　　2 貧弱な　　　　　3 月並みな　　　　4 簡潔な

19 おおまかな計算だけど、バザーの売り上げは去年よりよさそうだよ。
1 だいたいの　　　2 おおすじの　　　3 さきほどの　　　4 ひととおりの

問題4 次の言葉の使い方として最もよいものを、1・2・3・4から一つ選びなさい。

20 制する
1 彼女は都合が悪くなるといつも口を制して、黙ってしまう。
2 大統領はもはや国民を制することはできなかった。
3 部長は部下の失敗に心を制してどなり散らした。
4 恥を制してあなたにぜひお願いしたいことがあります。

21 あやふや

1 その情報はまだ<u>あやふや</u>に確認できていない。

2 そんな<u>あやふや</u>な発言は困ります。はっきりしてください。

3 彼はまた<u>あやふや</u>とごまかすつもりだ。

4 論文の締め切りにはどうがんばっても<u>あやふや</u>間に合わない。

22 リスク

1 あの人物は要注意人物として<u>リスク</u>に載っている。

2 早く病院に運ばないと子どもの命は<u>リスク</u>だ。

3 まっ黒な雲が近づいている<u>リスク</u>な空になった。

4 宇宙飛行士は地上の 100 倍以上の放射能を浴びる<u>リスク</u>にさらされる。

23 人気（ひとけ）

1 この裏通りは夜 10 時を過ぎるとまったく<u>人気</u>がなくなる。

2 これは大事なことだから<u>人気</u>に任せるわけにはいかない。

3 カンニングしただなんて<u>人気</u>の悪いことを言わないでください。

4 お祭りを明日にして町全体の<u>人気</u>が盛り上がっている。

24 まぎらわしい

1 あの 2 人は性格が<u>まぎらわしい</u>から友情が長続きしている。

2 昨日、本物と<u>まぎらわしい</u>コピー商品を買ってしまった。

3 この町の風景は故郷と<u>まぎらわしい</u>ので訪れるとほっとする。

4 あの男はちょっと<u>まぎらわしい</u>人物だが、決して悪い人間ではない。

25 いまだに

1 彼みたいな無責任な男が出世するなんて<u>いまだに</u>思わなかった。

2 相手が強すぎて<u>いまだに</u>試合にならなかった。

3 あの事件の手がかりは<u>いまだに</u>つかめていないようだ。

4 本当のことは<u>いまだに</u>言える。

問題5　次の文の（　　　）に入れるのに最もよいものを、1・2・3・4から一つ選びなさい。

26　試験の結果のいかんに（　　　）、いったん納入された受験料は返却されません。

1　よって　　　　　2　あたらず　　　　3　かかわらず　　　4　ついて

27　残業代が減ったので、本業（　　　）アルバイトをしている。

1　ともども　　　　2　といっしょに　　3　のかたわら　　　4　かたがた

28　私の不注意でけがさせたのだから、謝らずには（　　　）だろう。

1　すまない　　　　2　おかない　　　　3　得ない　　　　　4　しない

29　A「だれかあのワンマン社長を説得できないかな。」
　　B「頭の上がらない奥さんを（　　　）ほかにいないよ。」

1　べつに　　　　　2　とって　　　　　3　おいて　　　　　4　ぬきに

30　一度自動車事故を起こしてから（　　　）、車の運転が恐くてしかたがない。

1　といって　　　　2　とあって　　　　3　としては　　　　4　というもの

31　いくら大人顔負けに賢い（　　　）、小学生が大人の気持ちは理解できないだろう。

1　とはいえ　　　　2　だから　　　　　3　こそすれ　　　　4　ながら

32　御社の社長に一度（　　　）のですが、ご紹介いただけますか。

1　お目にはいりたい　　　　　　　　2　お目にとまりたい

3　お目にかかりたい　　　　　　　　4　お目にとおりたい

33　もっと早く海外赴任を知らせてくれたら、家を（　　　）！

1　買わないでおいたことを　　　　　2　買わないでおいたものを

3　買っていたころを　　　　　　　　4　買っていたはずを

34　経済政策の失敗の責任をとって、首相は退陣を（　　　）。

1　余儀なくされた　　　　　　　　　2　仕方なかった

3　しかねなかった　　　　　　　　　4　するわけにいかなかった

35 学歴が高い彼なら好きな仕事が選べそうだが、「有名大卒の（　　　　）、こんな単純な仕事が
できるものか」とえり好みしているようだ。

1　私ごときものが　　　　　　　　　　2　私ともあろうものが

3　私ではあるまいし　　　　　　　　　4　私ならともかく

問題6　次の文の＿＿★＿＿に入る最もよいものを、1・2・3・4から一つ選びなさい。

36　まだ入社＿＿＿＿＿＿＿　＿＿＿＿＿＿＿　＿＿★＿＿　＿＿＿＿＿＿＿あるかもしれませんが、よろし
くご指導ください。

1　だらけですので　　2　したばかりで　　3　失礼が　　　　　4　わからないこと

37　A「この車は一括払いで買ったんですか。」
　　B「いくら部長の＿＿＿＿＿＿＿　＿＿＿★＿＿＿　＿＿＿＿＿＿＿　＿＿＿＿＿＿＿もらっているわけでは
ありませんよ。ローンを組んでいます。」

1　給料を　　　　　　　　　　　　　　2　私に

3　すぐ車が買えるほどの　　　　　　　4　したって

38　そんな思い切った改革は＿＿＿＿＿＿＿　＿＿＿＿＿＿＿　＿＿★＿＿　＿＿＿＿＿＿＿なし得なかった
だろう。

1　とても　　　　　　2　全面的な協力　　3　なくしては　　4　市民の

39　彼はいきなり立ち上がる＿＿＿＿＿＿＿　＿＿＿＿＿＿＿　＿＿★＿＿　＿＿＿＿＿＿＿から急いで出て
行った。

1　何かを　　　　　　　　　　　　　　2　なり

3　思い出したように　　　　　　　　　4　部屋

40　日本人の私＿＿＿＿＿＿＿　＿＿＿＿＿＿＿　＿＿★＿＿　＿＿＿＿＿＿＿外国の人にこの蒸し暑さはつ
らいだろう。

1　なのだから　　　2　くらい　　　　3　ですら　　　4　がまんできない

21

問題7　次の文章を読んで　41　から　45　の中に入る最もよいものを、1・2・3・4から一つ選びなさい。

　　過去最低の内定率、内定切りなど、学生たちは厳しい就職活動を　41　。そうした中、学生たちに、就職に有利な「新卒」の立場で就職活動ができるように「希望留年制度」を設けて支援する大学が出てきている。ただ、企業のいきすぎた「新卒主義」を苦々しく思う大学関係者も少なくない。(中略)

　　S大学は昨年、就職活動を続けたい学生向けの卒業延期制度を始めた。申請して認められれば学費約54万円が半額になる。昨年度の就職希望者の内定率が97%で、　42　臨時救済措置だったが、今年度は89%とさらに厳しい状況になり、継続することになった。(中略)

　　日本の雇用システムは、明白な「新卒主義」だ。特に大企業は新卒を優先して採用する。あえて単位を　43-a　卒業論文などを　43-b　して就職留年する学生は以前からいたが、一昨年の金融危機以降、多くの大学が学生支援のために導入した。

　　ある地方大学で就職支援を担当する職員は「本来　44　が、新卒にこだわる企業は多い。『新卒に限る』としている大企業まであるのが現状だ」。別の大学の担当者も「既卒をほとんど採らない企業が多く、こういう対応を　45　」と話す。

（「朝日新聞」2010年3月20日付）

41

1 しかねている   2 強いられている   3 してやまない   4 きわまりない

42

1 せめて   2 まるで   3 あくまで   4 かえって

43

1 a 落としたり ／ b 提出しなかったり

2 a 落とすなり ／ b 提出するなり

3 a 落としたり ／ b 提出したり

4 a 落とすやら ／ b 提出するやら

44

1 卒業できなければすべきでない   2 卒業できなくてもすべきだ

3 卒業できてもすべきではない   4 卒業できるならすべきだ

45

1 しようがない   2 するわけにはいかない

3 せざるを得ない   4 すべきではない

問題1 ＿＿＿の言葉の読み方として最もよいものを、1・2・3・4から一つ選びなさい。

1 名医が必ずしもその人にとって<u>相性</u>がいい医師とは限らない。

1 そうせい 　　　2 あいしょう 　　　3 そうしょう 　　　4 あいせい

2 どことなく品格の<u>漂う</u>この庭園が好きでよく訪れる。

1 ととのう 　　　2 うるおう 　　　3 さまよう 　　　4 ただよう

3 畑を借りて有機野菜の<u>栽培</u>を始めたが、毎日が虫と雑草との戦いである。

1 しゅうかく 　　　2 さいばい 　　　3 さいしゅう 　　　4 さいしょう

4 ずっと<u>優勢</u>に試合を進めてきたのに、逆転負けをしてしまった。

1 ゆうぜい 　　　2 ゆうりき 　　　3 ゆうせい 　　　4 ゆうりょく

5 卒業を<u>契機</u>に長年の夢だった1人暮らしを始めた。

1 てんき 　　　2 けいき 　　　3 きっかけ 　　　4 けんき

6 外来種の魚が<u>繁殖</u>しすぎて、湖の生態系に悪影響を及ぼしている。

1 はんしょく 　　　2 ぞうしょく 　　　3 はんも 　　　4 げきぞう

問題2　（　　　）に入れるのに最もよいものを、1・2・3・4から一つ選びなさい。

7　鉄がさびるように人間の体も吸い込んだ酸素によって（　　　）が進行している。
　　1　酸化　　　　　　2　硬化　　　　　　3　症状　　　　　　4　病状

8　この国では持てる者と持たざる者の（　　　）は拡大する一方だ。
　　1　制限　　　　　　2　格差　　　　　　3　差別　　　　　　4　偏見

9　サイトの求人情報に問い合わせが（　　　）した。
　　1　集積　　　　　　2　流入　　　　　　3　殺到　　　　　　4　申告

10　この商品の（　　　）は無料ですが、配送料はご負担をお願い致します。
　　1　サイクル　　　　2　アポイント　　　3　サンプル　　　　4　カルテ

11　紙や電池には形や大きさを統一するための（　　　）が定められている。
　　1　形状　　　　　　2　規格　　　　　　3　基礎　　　　　　4　配列

12　彼女には人とは違うものを着るというファッションの（　　　）がある。
　　1　きごごち　　　　2　みこみ　　　　　3　もてなし　　　　4　こだわり

13　（　　　）好条件で再就職できるかもしれないと言われ、夢かと思った。
　　1　ひょっとすると　2　かならずや　　　3　おのずから　　　4　あいにく

問題3 ＿＿＿の言葉に意味が最も近いものを、1・2・3・4から一つ選びなさい。

14 彼女に思い切って声をかけたのにそっけない態度をされた。

　　1　優美な　　　　　2　陰気な　　　　　3　冷静な　　　　　4　冷淡な

15 息子は食事をするのも忘れるぐらい、テレビゲームに凝っている。

　　1　熱中して　　　　2　奨励して　　　　3　脱力して　　　　4　達成して

16 こちらは当店オリジナルのメニューでございます。

　　1　究極の　　　　　2　独自の　　　　　3　独占の　　　　　4　開発の

17 我が家には10歳の子を頭に、3人の子どもがいる。

　　1　最前列　　　　　2　最後尾　　　　　3　最年長　　　　　4　最年少

18 仲のよい夫婦はお互いの欠点を許容しているものだ。

　　1　受け入れて　　　2　受け付けて　　　3　取り入れて　　　4　取り立てて

19 試合に負けて自分の力不足を痛切に思い知らされた。

　　1　せいぜい　　　　2　おいおい　　　　3　もともと　　　　4　つくづく

問題4 次の言葉の使い方として最もよいものを、1・2・3・4から一つ選びなさい。

20 不吉

　　1　暗い道を1人で帰るのは不吉なので送ってもらった。

　　2　免許取りたての彼の車に乗せてもらうのは不吉だから遠慮した。

　　3　電車の中でお化粧をしてたら向かいの席の女性に不吉な顔をされた。

　　4　もう病気が治らないかもしれないだなんて不吉なことは言うものではない。

21 内訳

1 カタログから欲しい内訳を選んで注文した。

2 彼は海外の内訳に通じているので頼りになる。

3 卒業旅行代金の内訳は以下の通りです。

4 物価が値上りして内訳が増える一方だ。

22 口コミ

1 この市場の野菜は新鮮で安全だという評判が口コミで広がった。

2 部長が今月限りで退職して独立するという口コミを聞いた。

3 あの映画の口コミは暴力シーンが残酷だと言われている。

4 あのタレントは口コミがうるさいと言って逃げ回っている。

23 むやみ

1 彼はしつこいからむやみに言われても聞き流しなさい。

2 優しくされたからといって、口の軽い彼にむやみなことは言えない。

3 そんなにころころ意見を変えるとむやみな人間だと思われる。

4 この厳しい経済状況ではむやみで仕事はできない。

24 おどおど

1 あまりの寒さに体がおどおど震えて歩けない。

2 もう少しで正面衝突だったと思うとひざがおどおどしてしまった。

3 余震の続く被災地の子どもたちはおどおどしていた。

4 寝過ごして試験に遅れそうになり全力でおどおど走った。

25 ぼやく

1 事件の真相をぼやくことなく、はっきりしてほしい。

2 彼はどうして給料が上がらないんだろうとぼやいてばかりいる。

3 あいつが偉そうにぼやくからつい信じてしまった。

4 相手のチームの投手を大声でぼやいて調子を狂わせようとした。

問題 5　次の文の（　　　）に入れるのに最もよいものを、1・2・3・4から一つ選びなさい。

26　ご要望は何でもおっしゃってください。お客さま（　　　）の、我々の店ですから。

1　あるなら　　　　2　あるから　　　　3　あり　　　　4　あって

27　働きたくても職を得られない多くの国民の苦労を（　　　）、政府の景気対策は一向に進まない。

1　むだに　　　　2　よそに　　　　3　もって　　　　4　さけて

28　昨夜は花見でさんざん酒を飲んでさわいで、とうとう警察が来る（　　　）だった。

1　最後　　　　2　あげく　　　　3　一方　　　　4　しまつ

29　A「わあ、すごいごちそうですね。」

　　B「お口に合わないかもしれませんが、私（　　　）一生懸命作りました。」

1　として　　　　2　ならば　　　　3　なりに　　　　4　だから

30　レスキュー隊が到着して、地震で崩れたビルの中から血（　　　）のけが人が救出された。

1　まみれ　　　　2　ずくめ　　　　3　ばかり　　　　4　だけ

31　九州地方から関東の北部に（　　　）梅雨前線が伸びていて、一日中雨でしょう。

1　とおって　　　　2　かけて　　　　3　あたって　　　　4　したがって

32　人気俳優が舞台に姿を見せる（　　　）、観客席のファンから大歓声が上がった。

1　やいなや　　　　2　そばから　　　　3　とたんに　　　　4　かどうか

33　減税を打ち出したのに、支持率は（　　　）さらに低くなってしまった。

1　上がるままで　　2　下がるばかりか　　3　上がるどころか　　4　下がるだけあって

34　「20歳まで飲酒禁止」というのは、20歳になったらお酒を（　　　）ではないんだよ。

1　飲まなくてはいけないわけ　　　　　　2　飲まなくてもいいわけ

3　飲んではいけないわけ　　　　　　　　4　飲むまいというわけ

35 私は男だけれど、差別を受けた女性のくやしい気持ちが（　　　　）。

1 わかるどころではない
2 わからないでもない

3 わかり得ない
4 わかりかねない

問題6 次の文の＿＿＿★＿＿＿に入る最もよいものを、１・２・３・４から一つ選びなさい。

36 彼はとても地味な人で、そこに＿＿＿＿＿　＿＿＿＿＿　＿＿★＿＿　＿＿＿＿＿ほど目立たなかった。

1 いまいが
2 気づかれない
3 いようが
4 だれにも

37 お金をできるだけ＿＿＿＿＿　＿＿＿＿＿　＿＿★＿＿　＿＿＿＿＿安いアパートに引っ越しました。

1 得ないので
2 暮らさざるを
3 使わずに
4 仕方なく

38 さすがに京都一の旅館と言われる＿＿＿＿＿　＿＿＿＿＿　＿＿★＿＿　＿＿＿＿＿といったら、まるで私の心を読んでいるかのようだ。

1 さることながら
2 だけあって
3 料理も
4 そのサービス

39 もう二度と酒は飲む＿＿＿＿＿　＿＿★＿＿　＿＿＿＿＿　＿＿＿＿＿、夜になるとつい飲んでしまう。

1 決意した
2 と
3 ものの
4 ものか

40 以前は＿＿＿＿＿　＿＿＿＿＿　＿＿★＿＿　＿＿＿＿＿行為でしたが、今では平気な顔でする人がたくさんいます。

1 化粧するなんて
2 あるまじき
3 女性に
4 電車の中で

問題7　次の文章を読んで　41　から　45　の中に入る最もよいものを、1・2・3・4か
ら一つ選びなさい。

　　日本でも、ほかの先進国の例にもれず、急激な少子化が始まっている。

　　1970年には2.1人だった出生数が、1995年には人口を維持するのに必要な2.08人を大きく
下回る1.42人に落ち込み、2005年には1.25人と、韓国の1.15人　41　低い出生率となった。
原因はいろいろ考えられるが、まず若い男性が長時間労働を強いられ、育児の負担がひと
り母親にかかっていることがあげられる。

　　さらに子ども1人を大学まで卒業させるには2000万円かかると言われる。育児のために
母親がいったん仕事をやめると、再び正社員になることは非常に難しい。ずっと正社員で
働いた場合と、退職して再びパートタイム労働などに就いた場合の生涯賃金の差は、なん
と1億円を越えるという試算が出され、人々にショックを与えた。

　　子どもを持てば　42-a　が増える一方で、　42-b　が激減するのだ。

　　男性もこの不景気とあいまって収入の不安定な人が増え、夫婦で共働きを　43　な
っているのが現状だ。

　　女性が働き続けなければ、子どもに満足な教育を与えられない。しかし、子どもを持て
ば残業もこなす正社員でい続けるのは困難だ。結局、子どもをあきらめるということになる。

　　危機感を抱いた政府は「エンゼルプラン」と銘打って育児支援を始めたが、厳しい現実
の前に　44　。もはや子どもを増やす対策よりは、少子化社会という現実　45
対策を立てるべきときなのかもしれない。

41

1　に次いで　　　　2　に満たない　　　3　に及ぶ　　　　　4　に勝る

42

1　a　収入　／　b　仕事　　　　　2　a　支出　／　b　収入

3　a　パートタイム　／　b　正社員　　4　a　収入　／　b　生涯賃金

43

1　してはいられなく　　　　　　　2　しなくてもよく

3　するまでもなく　　　　　　　　4　せずにはいられなく

44

1　効果が少しずつ見えている　　　　2　効果はあまり上がっていない

3　効果が劇的に現れている　　　　　4　効果のほどはわからない

45

1　にひきかえ　　　2　とばかりに　　　3　をふまえた　　　4　をものともせず

모의 테스트

정답 → 부록p.41

목표시간
50분

問題1 ＿＿＿の言葉の読み方として最もよいものを、1・2・3・4から一つ選びなさい。

1 掘り出し物目当ての客が朝早くからバーゲン会場に群がっている。
 1 むれがって 2 ぐんがって 3 むらがって 4 ふさがって

2 キノコは食物繊維が多く、生活習慣病の予防になる。
 1 ぜんい 2 せんい 3 せんさい 4 せんし

3 都会派の彼らが突然田舎暮らしの決断をしたのには驚いた。
 1 けつだん 2 けっしん 3 けっだん 4 きゅうだん

4 空腹は子どもに不安と恐怖を引き起こすという説がある。
 1 くうぶく 2 そらばら 3 くうふく 4 そらはら

5 彼女は既成概念にとらわれずに自由な発想をする。
 1 がいねん 2 しんねん 3 きねん 4 かいねん

6 野菜の価格は産地の天候不順で軒並み高くなった。
 1 つきなみ 2 けんなみ 3 ひとなみ 4 のきなみ

問題2 （　　　　）に入れるのに最もよいものを、1・2・3・4から一つ選びなさい。

7　公務員試験に（　　　　）すると決めた彼は猛勉強を始めた。
　　1　実行　　　　　　2　挑戦　　　　　　3　対戦　　　　　　4　実践

8　大学に提出する論文には必ずA4用紙1枚にまとめた（　　　　）をつけてください。
　　1　シナリオ　　　　2　カルテ　　　　　3　ファイル　　　　4　レジュメ

9　駅前の（　　　　）自転車の山に自治体はその対策に頭をかかえている。
　　1　紛失　　　　　　2　忘却　　　　　　3　放置　　　　　　4　違法

10　最近（　　　　）がひどくて、先日も友人の名前がどうしても出てこなかった。
　　1　どわすれ　　　　2　ききおぼえ　　　3　ものおぼえ　　　4　わすれもの

11　世界のどこでも通用する人材の（　　　　）がこれからの教育に求められる。
　　1　育成　　　　　　2　成長　　　　　　3　成育　　　　　　4　育児

12　日本の温泉旅館は海外からの観光客にとってさまざまな（　　　　）文化体験ができる魅力がある。
　　1　移　　　　　　　2　差　　　　　　　3　外　　　　　　　4　異

13　政状が不安定なこの国の経済は（　　　　）している。
　　1　停止　　　　　　2　停滞　　　　　　3　休息　　　　　　4　休止

問題3 ＿＿＿＿の言葉に意味が最も近いものを、1・2・3・4から一つ選びなさい。

14 あのレストランは味と<u>リーズナブルな</u>価格で、行列ができるほど人気がある。

　　1　手頃な　　　　　2　特別な　　　　　3　高額な　　　　　4　破格な

15 新しく入社した彼女はなんでも<u>飲み込み</u>が早い。

　　1　上達　　　　　　2　理解　　　　　　3　受付　　　　　　4　準備

16 今回の自動車ショーには期間中<u>延べ</u>2万人の人が訪れた。

　　1　約　　　　　　　2　おおよそ　　　　3　総計　　　　　　4　平均

17 父の経営する町工場は不況の波を<u>もろに</u>受けてしまった。

　　1　ろくに　　　　　2　やっぱり　　　　3　はてに　　　　　4　まともに

18 これは企業秘密だから絶対に外部に<u>漏らして</u>はいけない。

　　1　口外しては　　　2　宣伝しては　　　3　伝達しては　　　4　申告しては

19 そんな<u>なまぬるい</u>しかり方ではしつけにならないですよ。

　　1　内気な　　　　　2　地味な　　　　　3　中途半端な　　　4　無欲な

問題4 次の言葉の使い方として最もよいものを、1・2・3・4から一つ選びなさい。

20 ちやほや

　1　いくら<u>ちやほや</u>と言われても、その頼みは引き受けられない。

　2　あいつはまわりから<u>ちやほや</u>されて、いい気になっているようだ。

　3　店員に<u>ちやほや</u>声で商品をすすめられて買ってしまった。

　4　あなたのことをまれにみる才能の持ち主だと先生は<u>ちやほや</u>だったわよ。

21 マニュアル

1 あの役所の窓口は<u>マニュアル</u>で冷たく感じる。

2 毎日１万歩歩くことが健康にいいというのが彼の<u>マニュアル</u>だ。

3 食物アレルギーの幼児が増加し、保育所は急いで対応<u>マニュアル</u>を作った。

4 パソコンを自分で勉強するのなら<u>マニュアル</u>するといい。

22 見合わせる

1 赤信号なのに渡ろうとするお年寄りをよく<u>見合わせる</u>。

2 その作品は子どもの作ったものとはだれも<u>見合わせ</u>なかった。

3 犯人はもうこれまでと<u>見合わせて</u>、自首してきた。

4 新商品の開発は景気が回復するまで<u>見合わせる</u>ことになった。

23 とんだ

1 秘密をうっかりしゃべってしまうなんて、<u>とんだ</u>ことをしてくれたもんだ。

2 長年の夢だった海外勤務が決まるなんて<u>とんだ</u>ことです。

3 お礼だなんて、そんな<u>とんだ</u>こと、どうぞご心配なさらないでください。

4 あの人は<u>とんだ</u>ことこそ、きっと力になってくれるよ。

24 若干

1 そんな<u>若干</u>なことで大騒ぎするなんてあなたらしくない。

2 会社の方針を非難する気持ちなど<u>若干</u>もありません。

3 今年の入試は例年より<u>若干</u>難しくなるとのうわさが流れている。

4 卒業後、東京に行った友人たちとの音信も最近は<u>若干</u>になった。

25 しぶとい

1 上司はおしゃれな人で、<u>しぶとい</u>スーツがよく似合う。

2 彼女はワインに関してはなかなか<u>しぶとい</u>。

3 先頭集団に<u>しぶとく</u>ついていき、最後に抜き去る作戦が成功した。

4 新曲が予想に反してあっという間に<u>しぶとく</u>ヒットして、関係者は大喜びだ。

問題5　次の文の（　　　）に入れるのに最もよいものを、1・2・3・4から一つ選びなさい。

26 冗談は（　　　）、真剣に私は彼女と結婚したいと考えています。

1　抜きで　　　　　2　だめで　　　　　3　おかないで　　　　4　とめて

27 その国の人々の生活を知る（　　　）、援助物資だけ送っても役に立たないだろう。

1　わけなく　　　　2　ことなしに　　　3　ともなく　　　　4　にしたって

28 最新式のゲーム機を買うためと（　　　）、徹夜して行列する若者がいる。

1　したら　　　　　2　あるなら　　　　3　あったら　　　　4　すると

29 この国の子どもたちは幼い（　　　）、大人並みの激しい労働を強いられている。

1　ながらも　　　　2　こととて　　　　3　からといって　　4　ゆえに

30 最も多い火災原因は放火で、次は火を（　　　）その場を離れたことによるものだ。

1　つけないまま　　　　　　　　　2　つけながらにして

3　つけつつ　　　　　　　　　　　4　つけっぱなしで

31 食堂では（　　　）、チケットを買って一列に並んでください。

1　先生としても学生としても　　　　2　先生であれ学生であれ

3　先生でなくても学生でなくても　　4　先生だったり学生だったり

32 我が社の試作品です。ご検討（　　　）存じます。

1　まいりたく　　　2　いただきたく　　3　いただけたく　　4　差し上げたく

33 震度3くらいの地震では（　　　）よ。日本ではしょっちゅうなんだ。

1　こわがらずにすまない　　　　　　2　こわがるはずはない

3　こわがるにはあたらない　　　　　4　こわがるにかたくない

34 たばこを吸ったからといって、すぐに病気に（　　　　）、長い間喫煙すれば確実に健康を損なう。

1　なるはずにしても　　　　　　　　2　なるものではないが

3　ならないことはないが　　　　　　4　ならないわけがなく

35 以前私を助けてくれた恩人が困っていると聞いた以上、知らん顔を（　　　　）。

1　せざるを得ない　　　　　　　　　2　することにはならない

3　するよりほかはない　　　　　　　4　するわけにはいかない

問題6　次の文の___★___に入る最もよいものを、1・2・3・4から一つ選びなさい。

36 毒キノコと知っていれば_____　___★___　_____　_____食べてしまい、危なく命を落とすところだった。

1　ものを　　　　　2　ばかりに　　　　3　食べなかった　　　4　知らなかった

37 A「みんなの飲み物を買ってきましょうか。」

B「全部で20kg_____　_____　___★___　_____とても持てないでしょう。」

1　あるし　　　　　2　女性の　　　　　3　あなた1人では　　4　から

38 地震の直後は、津波警報の_____　_____　___★___　_____海岸から離れてください。

1　有無　　　　　　2　をおいても　　　3　何　　　　　　　4　にかかわらず

39 最近のテレビは_____　_____　___★___　_____番組がほとんどない。

1　番組ばかりで　　2　若者向けの　　　3　たえる　　　　　4　大人の鑑賞に

40 これだけ売れるとは、_____　_____　___★___　_____ことだろう。

1　彼自身　　　　　　　　　　　　　　2　予想し得なかった

3　この商品を発明した　　　　　　　　4　にしても

問題7　次の文章を読んで　41　から　45　の中に入る最もよいものを、1・2・3・4から一つ選びなさい。

インターネットの普及には目覚しい　41　。

かつて作家、ジャーナリスト、有名人などにしか許されなかった「自分の意見を世界に発信する」ことが、だれにでもいつでも可能になった。しかし、そこには匿名で　42　、無責任で悪意に満ちた言葉がひとり歩きする危険性がある。

一方、話している人が特定できる場合では情報を話す人のステイタスや状況いかんで、先入観を持って　43　。「有名な学者だから、きっと正しいだろう」とか、「女だから、非論理的だ」とか……。話すほうも、立場によっては遠慮が生まれる。「上司の言うことは間違っているけど、黙っていよう」とか、「反対したら、女らしくないと思われるかも」と、口をつぐむこともあるだろう。

こんな話がある。あるホームページ上で、議論が起こった。その中で、ある人物Aが興奮して攻撃的な文章を書き込み、対するもう1人Bが冷静かつ知的に、しかもユーモアたっぷりに答えた。だれが見てもBの圧勝であった。

その後、仲よくなった読者たちが実際に会う、いわゆるオフ会が開催された。

実際に顔を合わせると、Aは地位のある初老の男性で、Bは何と小学生の少年であった。

もし最初から顔が見えていたら、みんなはB少年の言うことに耳を傾けただろうか。

「口が立つ　44　、しょせん子どもだ」と無視したかもしれない。顔が見えないからこそ、先入観なしにお互いの意見を聞き、「Bの意見が正しい」と判断し得たのだ。

ネットの世界は「　45-a　言ったか」ではなく、「　45-b　言ったか」で評価される世界と言えよう。

41

1 ことである　　　2　といえる　　　　3　ものがある　　　4　ところだ

42

1 あるにもかかわらず　　　　　　　2　あるがゆえの

3 はあり得ない　　　　　　　　　　4　あるにしては

43

1 聞きがちである　2　聞くほかはない　3　聞きようがない　4　聞くべきだ

44

1 ようだから　　　2　からには　　　　3　といったって　　4　一方では

45

1 a　大人　／　b　子ども　　　　2　a　どう　／　b　だれが

3 a　えらい人　／　b　女性　　　4　a　だれが　／　b　何を

모의 테스트

정답 → 부록p.42

목표시간
50 분

問題1 ＿＿＿＿の言葉の読み方として最もよいものを、1・2・3・4から一つ選びなさい。

1 落石事故で不通になった道路の復旧作業が、昼夜を徹して行われた。
　1　ふっこう　　　　2　ふっきゅう　　　　3　ふきゅう　　　　4　ふくきゅう

2 君は病みあがりなんだから、あまり無理をしないほうが賢明だよ。
　1　けんみょう　　　2　けんめい　　　　3　じんめい　　　　4　はんめい

3 明日の仕事に障るから今日は早く寝るとしよう。
　1　さわる　　　　　2　さまたげる　　　　3　おこたる　　　　4　どける

4 地域産業を振興し、若者の都会への流出を防ぐプロジェクトが成果を上げてきた。
　1　しんきょう　　　2　ふっきょう　　　　3　しんこう　　　　4　じんこう

5 本物と見分けがつかないほどよくできている偽造1万円札が出回っている。
　1　もぞう　　　　　2　へんぞう　　　　3　いぞう　　　　　4　ぎぞう

6 採算がとれないという理由で、この工場は縮小されることになった。
　1　ざいさん　　　　2　さいさん　　　　3　とさん　　　　　4　けいさん

問題2 （　　　）に入れるのに最もよいものを、1・2・3・4から一つ選びなさい。

7 悪質な飲酒運転の（　　　）はもっと厳しくすべきだという声が圧倒的に多い。
　　1　押し込み　　　　2　取り締まり　　　3　取り消し　　　4　追い込み

8 大雪による非常（　　　）の発生で、交通機関はすべてストップしてしまった。
　　1　事件　　　　　　2　実体　　　　　　3　事態　　　　　4　気象

9 この研究所の（　　　）的な体制を反省し、将来性ある若者を育てようではないか。
　　1　飽和　　　　　　2　偏在　　　　　　3　結束　　　　　4　閉鎖

10 あの監督の新作映画は（　　　）評判ほどではなかった。
　　1　上　　　　　　　2　前　　　　　　　3　大　　　　　　4　高

11 表示されているレッスン料とは（　　　）教材費がかかります。
　　1　別途　　　　　　2　他方　　　　　　3　一括　　　　　4　全体

12 商品に関しては、こちらのお問い合わせ（　　　）に入力し送信してください。
　　1　ネット　　　　　2　フォーム　　　　3　システム　　　4　モニター

13 今回の豪雨が与えた経済的影響は、まだ（　　　）できていない。
　　1　捕獲　　　　　　2　納得　　　　　　3　把握　　　　　4　確信

問題3 ＿＿＿＿の言葉に意味が最も近いものを、1・2・3・4から一つ選びなさい。

14 すぐ近くだからといって鍵をかけずに買い物に行くなんて、<u>いかに</u>君が無用心かということだ。

1 すぐに   2 やはり   3 まるで   4 どれほど

15 この和食はさすがに<u>てまひま</u>をかけているだけのことはある。

1 情熱   2 手数   3 予算   4 経費

16 新製品は開発<u>費用</u>がかかって、利益が出なかった。

1 チャージ   2 セット   3 コスト   4 プライス

17 あの人とは初対面なのに、<u>なれなれしい</u>態度で話しかけられ、不愉快だった。

1 他愛ない   2 遠慮ない   3 訳ない   4 心ない

18 ちょうど大通りに<u>さしかかった</u>とき、音信不通だった友人に声をかけられ、びっくりした。

1 到着した   2 接近した   3 追跡した   4 通過した

19 小さなコンビニで1万円札を出したら、店員に<u>露骨に</u>いやな顔をされた。

1 はっきりと   2 さっぱりと   3 がっちりと   4 きっちりと

問題4 次の言葉の使い方として最もよいものを、1・2・3・4から一つ選びなさい。

20 もっぱら

1 この事故は相手の<u>もっぱら</u>の居眠り運転が原因である。

2 合格まで<u>もっぱら</u>寝ないで勉強する覚悟を決めた。

3 あの子はがんこだから、一度決めたら<u>もっぱら</u>自分の意志を曲げない。

4 最近の彼は新しい研究に<u>もっぱら</u>打ち込んでいる。

21 仕立てる

1 あの服のデザインを仕立てたのはうちの若い社員だ。

2 父親は息子を次期社長に仕立てるべく厳しく指導している。

3 豊かな社会を仕立てるために力を合わせようではないか。

4 明日の会議の書類を今日中に仕立ててください。

22 夜更かし

1 久しぶりに会った高校時代の仲間と夜更かしまで遊び歩いた。

2 春先は夜更かしの冷え込みには注意して風邪をひかないようにしている。

3 規則正しい生活を心がけているのだが、時々テレビを見ながら夜更かししてしまう。

4 地震は夜更かしに起こったので被害が大きかった。

23 ギャップ

1 彼女によると離婚の原因は理想と現実のギャップがありすぎたからだそうだ。

2 苦しいギャップはあと少しがんばれば、必ず乗り切れる。

3 文化は経済と異なり、大衆ギャップの交流が欠かせない。

4 この本は特定のギャップにかたよらない、第一線で活躍する人々の文章が読める。

제 5 회

24 ものずき

1 会社に入った以上、仕事にものずきをしてはいけない。

2 1人暮らしを始めるとき、あれやこれやとものずきになる。

3 私はまだ、ゆうれいを見るといったものずきな体験をしたことがない。

4 雑誌に紹介されたラーメンを食べに旅行するなんてものずきにもほどがある。

25 面目

1 彼は世間からの面目など一向に気にしない。

2 強豪チームが2年連続予選落ちでコーチの面目は丸つぶれだった。

3 父親は何よりも近隣の面目作りを重んじる人だった。

4 そんな甘い考えではせっかく築いた店の面目が落ちてしまう。

問題5　次の文の（　　　）に入れるのに最もよいものを、1・2・3・4から一つ選びなさい。

26　資金繰りは全部失敗した。かくなる（　　　）、もう腹をくくっていなおるしかない。
1　かぎり　　　　　2　ところで　　　　　3　ものの　　　　　4　うえは

27　沿道の応援（　　　）、私は40kmもの距離を走り抜くことはできなかっただろう。
1　なくして　　　　2　ならでは　　　　　3　ないでは　　　　4　しだいで

28　ここはぜいたくの（　　　）を尽くして建てられた、世界でも最高級のホテルの一つです。
1　極み　　　　　　2　至り　　　　　　　3　すべて　　　　　4　あげく

29　人間が宇宙に（　　　）、私の生活にはなんの影響もない。
1　行った行かないの　　　　　　　　2　行こうが行くまいが
3　行きつ戻りつ　　　　　　　　　　4　行ったり来たりして

30　難しい判断（　　　）、首相は計画の中止を決めた。
1　をもって　　　　2　をかぎりとして　3　をよそに　　　　4　をせまられて

31　お城の前に門番が立っていたが、まるで人形のように微動（びどう）（　　　）。
1　だにしなかった　2　だけしたようだ　3　もされなかった　4　でもするようだ

32　A「彼、病気になったとたん『命（　　　）、金なんかいらない』って言ってたよ。」
　　B「へえ、あの何よりお金が大事だった彼がねえ。」
1　さえ助かってみれば　　　　　　　2　さえ助かるのなら
3　だけは助かるといって　　　　　　4　だけは助かろうと

33　江戸時代（えど）のお金の一両（りょう）は、現代のお金でいえば10万円（　　　）。
1　というべきだ　　　　　　　　　　2　というものだ
3　といったところだ　　　　　　　　4　といわんばかりだ

34 たとえ君が（　　　　）、君から担当者に謝罪してくれないか。大事な取引先をこれ以上怒らせるわけにはいかないんだ。

1　悪くなかったにせよ　　　　　　　2　悪かったにしても

3　正しかったとしたら　　　　　　　4　正しくないにせよ

35 今さら後悔しても後悔（　　　　）、なぜあのとき転職しなかったんだろう。

1　することもないのだが　　　　　　2　しきれないのだが

3　しようもないのだが　　　　　　　4　するはずがないのだが

問題6 次の文の＿＿＿★＿＿＿に入る最もよいものを、1・2・3・4から一つ選びなさい。

36 また税金を上げるなんて、まるで＿＿＿＿＿　＿＿＿＿＿　＿＿★＿＿　＿＿＿＿＿の政策だ。

1　ばかり　　　　　2　貧乏人は　　　　　3　言わん　　　　　4　死ねと

37 子どもが生まれて＿＿＿＿＿　＿＿＿＿＿　＿＿★＿＿　＿＿＿＿＿ことは1日もありません。

1　からと　　　　　2　一晩中　　　　　3　いうもの　　　　　4　ゆっくり眠った

38 友人に車を貸したら、飲酒運転をした＿＿＿＿＿　＿＿★＿＿　＿＿＿＿＿　＿＿＿＿＿ない。

1　といったら　　　　　　　　　　　　2　ぶつけて壊されて

3　腹が立つ　　　　　　　　　　　　　4　あげく

39 カーリングは、＿＿＿＿＿　＿＿＿＿＿　＿＿★＿＿　＿＿＿＿＿なったスポーツだ。

1　一気に高く　　　　　　　　　　　　2　きっかけに

3　冬季オリンピックを　　　　　　　　4　知名度が

40 あの医者は仕事で＿＿＿＿＿　＿＿＿＿＿　＿＿★＿＿　＿＿＿＿＿執筆したりしている。

1　というのに　　　　2　極めている　　　　3　小説を　　　　4　多忙を

問題7　次の文章を読んで　41　から　45　の中に入る最もよいものを、1・2・3・4から一つ選びなさい。

十数年前、若い男性にとって車は、女性をデートに誘うためにも欠く　41　。たとえお金がなくても、借金してまでも、男性は少しでもよい車を買おうとした。

　42　今、若者たちはそれほど車を欲しがらない。

「だって、地下鉄も電車もあるでしょ。そのほうが安全で速いじゃないですか」と言う。女性たちも「無理して大きな車を買って、それを自慢してる男性なんてかっこう悪いですよ」と笑う。

それは　43　、きわめて堅実で健全である。環境にもよい。だが日本経済を大きく支えてきた自動車産業にとっては、若者の車離れは痛手である。

車だけではない。お酒もあまり飲まず、仕事に関しても、自分や家庭を犠牲にしてまで　44　、と考えている若者が多いという。

いや、そもそも「結婚して家庭を築かなければ」という意識も薄い。結婚しても、従来の日本の考えとは反対に、　45-a　のほうが収入が多ければ　45-b　が家庭で家事・育児をしてもかまわないと思う若者もいる。

日本の高度経済成長期を生きた60歳以上の年代にとって、そんな若者がはがゆくてたまらない。「おれたちはもっと元気だった。欲があった」と嘆く人もいるようだ。

だが、よかれあしかれ、こういう若者たちが将来の日本を担っていくのだ。未来の日本はどのように変わるのだろうか。

41

1　べきものだった　　　　　　　2　までもなかった

3　どころではなかった　　　　　4　べからざるものだった

42

1　ところが　　　　　　　　　　2　それどころか

3　あいもかわらず　　　　　　　4　ましてや

43

1　考えについては　　　　　　　2　考えにおいては

3　考えによっては　　　　　　　4　考えるにおよんでは

44

1　出世したいものだ　　　　　　2　出世しなくてもよい

3　出世しないではおかない　　　4　出世しなくてはならない

45

1　a　夫　／　b　妻　　　　　　2　a　妻　／　b　夫

3　a　妻　／　b　妻　　　　　　4　a　夫　／　b　夫

제6회

모의 테스트

정답 → 부록p.43

목표시간 50분

問題1 ＿＿＿の言葉の読み方として最もよいものを、1・2・3・4から一つ選びなさい。

1 この香料は<u>厳密</u>な検査の結果、人体に無害だと証明されたものです。
　　1　げんかくな　　　2　ごんみつな　　　3　せいかくな　　　4　げんみつな

2 注意を<u>怠る</u>ことなく十分に点検してさえいれば、この事故は防げたはずだ。
　　1　だらける　　　　2　はばかる　　　　3　おこたる　　　　4　さぼる

3 新しい地下鉄の開通で、通勤ラッシュがだいぶ<u>緩和</u>された。
　　1　かんわ　　　　　2　だんわ　　　　　3　げんわ　　　　　4　おんわ

4 髪を後ろで<u>束ね</u>たら、きりっとした印象になった。
　　1　ゆだね　　　　　2　たばね　　　　　3　かさね　　　　　4　つらね

5 国連は民族間の対立を平和的に解決する道はないかと<u>模索</u>しつづけている。
　　1　けんさ　　　　　2　そうさく　　　　3　たんさ　　　　　4　もさく

6 人間の皮膚の色はメラニンとよばれる色素の<u>蓄積</u>の量によって決まる。
　　1　たいせき　　　　2　ようせき　　　　3　りょうせき　　　4　ちくせき

問題2　（　　　）に入れるのに最もよいものを、1・2・3・4から一つ選びなさい。

⑦　形や大きさが（　　　）の野菜が低価格で売られるようになり、消費者に喜ばれている。

　　1　不正確　　　　　2　不揃い　　　　　3　非対象　　　　4　不整列

⑧　久しぶりに行った歯医者で、歯の磨き方についてたっぷり（　　　）された。

　　1　了解　　　　　　2　教習　　　　　　3　説教　　　　　4　指定

⑨　個人がネット上で発信する情報にも（　　　）のような影響力がある。

　　1　メディア　　　　2　アーカイブ　　　3　トレンド　　　4　コンテンツ

⑩　東京にも近代的な文化（　　　）となりうる建物が、たくさん存在していた。

　　1　物　　　　　　　2　財　　　　　　　3　観　　　　　　4　宝

⑪　（　　　）の法律ではその行為を罰することはできない。

　　1　健在　　　　　　2　執行　　　　　　3　現行　　　　　4　在来

⑫　長年の努力が実って（　　　）ある文学賞を受賞した。

　　1　優秀　　　　　　2　偉大　　　　　　3　著名　　　　　4　権威

⑬　不利な（　　　）を立て直す間もなく試合に敗れてしまった。

　　1　体勢　　　　　　2　対戦　　　　　　3　見地　　　　　4　出走

問題3 ＿＿＿の言葉に意味が最も近いものを、1・2・3・4から一つ選びなさい。

14 戦争で家も家族も失った子どもたちのうつろな目が忘れられない。
　1　うんざりした　　　2　しんなりした　　　3　ぼんやりした　　　4　やんわりした

15 母親は無論、彼の友人たちも彼の無罪を信じていた。
　1　言うまでもなく　　2　意味もなく　　　3　無理なく　　　　4　なんとなく

16 この問題は非常にデリケートなのでコメントは控えたい。
　1　特殊　　　　　　　2　微妙　　　　　　3　不審　　　　　　4　難解

17 さあ、今日は早目に仕事を切り上げて、一杯飲みに行こう。
　1　免れて　　　　　　2　果たして　　　　3　終わらせて　　　4　携えて

18 儀式は厳かな雰囲気の中で行われた。
　1　かるがるしい　　　2　すがすがしい　　3　よそよそしい　　4　おもおもしい

19 三ヶ国語を自在にあやつる彼女は世界を飛び回って仕事をしている。
　1　ありのままに　　　2　それなりに　　　3　思うように　　　4　形ばかりに

問題4 次の言葉の使い方として最もよいものを、1・2・3・4から一つ選びなさい。

20 見苦しい
　1　あのボクサーはさんざん見苦しい反則をしたあげく、ノックアウト負けをした。
　2　事故現場はあまりにも見苦しくて、顔を思わずそむけた。
　3　彼女に急に見苦しい態度をとられて、わけがわからなくなった。
　4　彼は遊んだりせず勉強だけの見苦しい日々を送っている。

21 キャリア

1 パソコンや語学といった<u>キャリア</u>を習得するために学校に通う。

2 この会社には女性が仕事と家庭を両立させ、<u>キャリア</u>を継続できるような制度がある。

3 彼は得意な<u>キャリア</u>を向上させていきいきと働いている。

4 この取り引き先は約束を守らない<u>キャリア</u>があるので、しっかりと念を押してきた。

22 果て

1 母親の<u>果て</u>ある小言がまた始まってうんざりだ。

2 このドラマの<u>果て</u>はどうなるのか、来週が待ち遠しい。

3 未解決だった痛ましい事件がやっと<u>果て</u>を迎えた。

4 あれがほしい、これがほしいと人間の欲望は<u>果て</u>がない。

23 押し切る

1 開場するやいなや大勢の人が入り口に<u>押し切って</u>来た。

2 卒論の提出期限が<u>押し切って</u>、みなの顔つきが真剣になった。

3 通勤ラッシュで、人を<u>押し切って</u>電車に乗った。

4 親の反対を<u>押し切って</u>歌手になったので、売れるまでがんばる。

24 へとへと

1 仕事疲れで<u>へとへと</u>に眠ったら、朝すっきり元気になった。

2 一度失敗したからといって、いつまでも<u>へとへと</u>してないでやり直しなさいよ。

3 5歳の甥に1日中遊園地につきあわされ、<u>へとへと</u>だった。

4 面接で緊張のあまりにのどが<u>へとへと</u>になった。

25 目下

1 入院中の祖父の症状は<u>目下</u>のところ安定している。

2 <u>目下</u>の若者はマナーがなっていないとよく言われる。

3 胃が痛むので刺激物は<u>目下</u>の間、控えることにした。

4 時間がないので、結果は<u>目下</u>出すことにする。

問題5　次の文の（　　　）に入れるのに最もよいものを、1・2・3・4から一つ選びなさい。

26　子どもの減少で、幼稚園の経営は昨年度（　　　）一層厳しいものになるだろう。

　　1　に即して　　　　　2　にいたっても　　　3　にもまして　　　　4　にかかわらず

27　だれも解けなかった「フェルマーの予想」は、天才数学者のワイルズ（　　　）やっと解けた難問だった。

　　1　にして　　　　　　2　ならでは　　　　　3　だったら　　　　　4　にすら

28　（上司に）「グラスが空ですが、もう少しワインを（　　　）。」

　　1　お飲みしたいですか　　　　　　　　　2　お飲みされますか

　　3　お飲みになりたいですか　　　　　　　4　お飲みになりませんか

29　結核は現代では薬で治せますが、少し前までは命に（　　　）病気でした。

　　1　及ぶ　　　　　　　2　危ない　　　　　3　関わる　　　　　4　至る

30　うちの子（　　　）、成績が悪いのに宿題もしないでサッカーばかりやっている。

　　1　ときたら　　　　　2　だったら　　　　3　については　　　4　にとっては

31　一国の総理（　　　）ものが、国民の感情が理解できずにリーダーシップがとれるのか。

　　1　なる　　　　　　　2　たる　　　　　　3　ある　　　　　　4　さる

32　山で遭難しているところに上空にヘリコプターを見つけ、声を（　　　）助けを求めた。

　　1　限りで　　　　　　2　込めて　　　　　3　限りに　　　　　4　極めて

33　A「さんざん暴力をふるった夫を、思わず妻が刺したそうだよ。」

　　B「それは、加害者側にも同情を（　　　）ね。」

　　1　絶えない　　　　　2　禁じ得ない　　　3　やむを得ない　　4　持ちがたい

34　彼の解き方は完全に（　　　）、正解とするにはちょっと無理がある。

　　1　間違っているにせよ　　　　　　　　　2　間違いというほかないから

　　3　間違いとはいえないまでも　　　　　　4　間違ってはいない以上

35 母は隠していたが、実は父の会社経営が苦しいのを知って（　　　　）。

1　いただろうか

2　いたことはあるだろうか

3　いるべきではないか

4　いたのではあるまいか

問題6　次の文の＿＿＿★＿＿＿に入る最もよいものを、1・2・3・4から一つ選びなさい。

36　多くの学者が＿＿＿＿＿　＿＿＿＿＿　＿＿★＿＿　＿＿＿＿＿研究にはげんでいる。

1　見つけん　　　　2　必死の　　　　3　がために　　　　4　この病気の原因を

37　会場では暑さの＿＿＿＿＿　＿＿＿＿＿　＿＿★＿＿　＿＿＿＿＿が続いていた。

1　混乱　　　　2　あまり　　　　3　始末で　　　　4　倒れる人も出る

38　首席で卒業できたことも＿＿＿＿＿　＿＿＿＿＿　＿＿★＿＿　＿＿＿＿＿合格したことだった。

1　うれしかったが　　　　　　　　2　うれしかったのが

3　司法試験に　　　　　　　　　　4　それにもまして

39　今思い出せば、子ども時代は子ども＿＿＿＿＿　＿＿＿＿＿　＿＿★＿＿　＿＿＿＿＿真剣に悩んだものだ。

1　なりの　　　　2　ながらも　　　　3　悩みがあって　　　4　おさない

40　A「試験に合格するか不安です。」

B「ふだんの君の＿＿＿＿＿　＿＿★＿＿　＿＿＿＿＿　＿＿＿＿＿ないだろう。落ち着きなさい。」

1　すれば　　　　2　実力をもって　　　3　間違い　　　　4　合格は

問題7　次の文章を読んで　41　から　45　の中に入る最もよいものを、1・2・3・4から一つ選びなさい。

　　シャンプーの容器にギザギザが付いていることに気付いた人は、多いだろう。目の見えない人がシャンプーとリンスを間違えないように、ある会社が付け始めたものだ。

　　今ではほとんどの会社のシャンプーにギザギザが付いている。普通の人も髪を洗っているときは目をつぶっているから、間違えなくて便利だ。

　　このように障害のある人　41　どんな人も、国籍、言語、性別、年齢などにかかわらず使いやすく作られたものをユニバーサルデザイン（UD）という。

　　社会の第一線で働く人は若くて健康な人が多い。目や耳の不自由な人、お年寄り、車いすを使う人などが困っていることを、つい　42　。

　　だが今は元気でも、年をとれば　43　体が不自由になってくる。来たるべき超高齢化社会に向けて、だれでも暮らしやすい社会にしようという機運が高まってきた。

　　UDの原則には、だれでも公平に使えること、使ううえで自由度が高いこと、使い方が簡単ですぐにわかること、必要な情報がすぐにわかること……などがある。

　　シャンプー容器のギザギザは小さなことだが、その条件を満たしている。日本語の読めない外国人のための絵による展示は、普通の人や子どもにもわかりやすい。

　　44　車いすの人が動きやすいように歩道と車道の段差をなくしたら、目の見えない人が車道にはみ出てしまったとか、利点が　45　。

　　UDはまだまだ工夫すべき点が多いし、元気な人はエレベーターを車いすの人にゆずるなど、人間による助け合いの心があくまで必要であろう。

41

 1　のみならず　　　2　なり　　　　　3　といえども　　　4　であれ

42

 1　忘れっぽくなる　　　　　　　　2　忘れっぱなしである
 3　忘れつつある　　　　　　　　　4　忘れがちである

43

 1　よかれあしかれ　　　　　　　　2　多かれ少なかれ
 3　老いも若きも　　　　　　　　　4　いてもたっても

44

 1　それだけではなく　　　　　　　2　それにもまして
 3　その一方で　　　　　　　　　　4　それに伴って

45

 1　一致することもある　　　　　　2　相反することもある
 3　反対することもある　　　　　　4　一致しかねない

모의 테스트

정답 → 부록p.44

목표시간
50 분

問題1 ＿＿＿＿の言葉の読み方として最もよいものを、1・2・3・4から一つ選びなさい。

1 内戦で荒廃した国土の復興支援を海外に求めた。
　1　たいはい　　　　2　こうはい　　　　3　あれはて　　　　4　こうりょう

2 入社3年、そろそろ転職の時機だと思ったものの、この経済情勢では決心が鈍る。
　1　なまる　　　　　2　ぐずる　　　　　3　にぶる　　　　　4　ゆれる

3 話題になっているタワーの展望台からの眺めがすばらしく、感動した。
　1　でんぽう　　　　2　でんぼう　　　　3　てんぼう　　　　4　てんぽう

4 並々ならぬ覚悟で留学をした彼は、一心に勉学に励んだ。
　1　なみなみ　　　　2　ゆうゆう　　　　3　めいめい　　　　4　しみじみ

5 同じ境遇の仲間に悩みを聞いてもらっただけで、心が軽くなった。
　1　きょうがい　　　2　きょうぐう　　　3　さかい　　　　　4　きょうかい

6 地球は水の惑星と言われるほど水に恵まれているのだが、一部の地域では砂漠化が進んでいる。
　1　すいせい　　　　2　こうせい　　　　3　けいせい　　　　4　わくせい

問題2 （　　　）に入れるのに最もよいものを、1・2・3・4から一つ選びなさい。

7 景気は上向いてきたものの消費者の節約（　　　）はまだ強い。

  1　経済　　　　　　　2　応援　　　　　　　3　家計　　　　　　　4　志向

8 子どもは段階的に自立を（　　　）必要がある。

  1　侵す　　　　　　　2　催す　　　　　　　3　促す　　　　　　　4　記す

9 ここは一度は泊まりたい（　　　）のホテルとして常にランクインしている。

  1　望み　　　　　　　2　憧れ　　　　　　　3　誇り　　　　　　　4　謹み

10 この推理小説は（　　　）好奇心を十分に満足させてくれる。

  1　知的　　　　　　　2　庶民的　　　　　　3　質的　　　　　　　4　量的

11 アパートに先輩を訪ねたのだが、どうやら（　　　）になってしまった。

  1　なかたがい　　　2　ひとちがい　　　3　いきちがい　　　4　けたちがい

12 彼は好感（　　　）の高い上品なおしゃれをモットーとしている。

  1　覚　　　　　　　　2　触　　　　　　　　3　度　　　　　　　　4　心

13 就任当初より社長の行動に（　　　）がないのを不安に思う人は多かった。

  1　アップ　　　　　　2　ポーズ　　　　　　3　ケース　　　　　　4　ポリシー

問題3 ＿＿＿の言葉に意味が最も近いものを、1・2・3・4から一つ選びなさい。

14 課長に10日間の休暇願いを出したらしぶい顔をされた。

    1　不審な　　　　　2　不快な　　　　　3　不安な　　　　　4　不当な

15 視聴率の低い番組は年度末にすべて打ち切られることになった。

    1　見送られる　　　2　延期される　　　3　中止される　　　4　放棄される

16 知事は都市計画案を発表し、将来のビジョンを示した。

    1　視点　　　　　　2　構想　　　　　　3　目標　　　　　　4　予定

17 若者の間で民宿の素朴なもてなしがうけている。

    1　急がない　　　　2　染まらない　　　3　飾らない　　　　4　足りない

18 交通事故の補償問題はかろうじて解決に向かっている。

    1　やっと　　　　　2　かるく　　　　　3　すぐに　　　　　4　ゆっくり

19 商社で働いた経験を下地に貿易会社を起こすとことにした。

    1　基準　　　　　　2　元手　　　　　　3　材料　　　　　　4　基礎

問題4 次の言葉の使い方として最もよいものを、1・2・3・4から一つ選びなさい。

20 ふんだん

    1　この仕事が終わったら2週間ほどふんだんに休暇をとってもいいと言われた。

    2　生活水準が上がり、この小さな町にもふんだんに車があふれている。

    3　クラスメートは彼女の計画にふんだんに応援することにした。

    4　彼女はお金をふんだんに持っているのだが、生活は質素だ。

21 放り出す

1 資金不足で会社設立の夢が放り出された。

2 またあの子ったら、宿題を放り出してどこかに遊びに行っちゃったよ。

3 せっかく話がまとまりかけているのに、放り出すような質問はしないでください。

4 入院することになり、お酒とたばこをしばらく放り出さなければならなくなった。

22 はらはら

1 心あたたまる話を聞き終えて彼女ははらはらした。

2 本をはらはらめくったら、おもしろそうなので買うことにした。

3 新しい企画に対する同僚たちの気持ちははらはらでまとまらない。

4 医師から病気の再発の危険はないと知らされるまで、母はずっとはらはらしていた。

23 本音

1 なぜこの一家が突然姿を消したのか、事件の本音はいまだに不明だ。

2 彼から本音のこもったプレゼントを渡され感激した。

3 彼女は決して本音を言わないので、何を考えているのかわからない。

4 人間として本音に恥じない生き方をしたい。

24 キーワード

1 優れたキーワードを持っていれば、人の上に立つことができる。

2 やっとのことで事件解決のキーワードを握った。

3 彼の豊富な経験を生かせなかったのが、失敗のキーワードだった。

4 社長の強力なキーワードのおかげで、会社はここまで発展した。

25 申し分ない

1 今シーズン申し分ない成績で終えることができたのはみなさんの応援のおかげです。

2 そんな申し分ないやり方では相手に失礼ですよ。

3 これ以上は申し分ないので、せっかくですが遠慮させていただきます。

4 電車が遅れたというのでは、遅刻も申し分ないだろう。

問題5　次の文の（　　　）に入れるのに最もよいものを、1・2・3・4から一つ選びなさい。

26　検査結果が出るまでの4日間、不安の（　　　）食事もろくにのどを通らなかった。

　　1　あげく　　　　　2　あまり　　　　　3　おかげで　　　　4　こととて

27　彼女は元々の才能（　　　）、日ごろの努力（　　　）、他の生徒の群を抜いている。

　　1　であれ／であれ　2　なら／でも　　　3　とも／とも　　　4　といい／といい

28　A「歯医者に行きたいんだけど、一緒に行ってくれない？」

　　　B「小さな子ども（　　　）、いい大人が1人で行けないなんて、恥ずかしくないの？」

　　1　ならまだしも　　2　だったとして　　3　ならでは　　　　4　だったにしても

29　その事件は3カ月に（　　　）捜査が続けられ、先日やっと解決した。

　　1　続いて　　　　　2　かけて　　　　　3　わたって　　　　4　たって

30　言う（　　　）、学歴が高いからといって知性が高いとは限らない。

　　1　ほどでなく　　　2　までもなく　　　3　ばかりか　　　　4　どころか

31　自分が交通違反をしておいて、そのうえもみ消すなんて、警官として（　　　）行為だ。

　　1　あるまじき　　　2　あるべき　　　　3　ありうる　　　　4　あるまいし

32　夫婦げんかをして、「この安月給！」と、つい（　　　）もがなのことを言ってしまった。

　　1　言わない　　　　2　言わず　　　　　3　言うべき　　　　4　言いかね

33　好きな人の前で思い切り転んでしまった。恥ずかしいと（　　　）。

　　1　いわずにおかない　　　　　　　　　2　いったらない

　　3　いわんばかりだ　　　　　　　　　　4　いうにあたらない

34　A「こちらがお刺身と唐揚げです。お客様のご注文の品はすべて（　　　）。」

　　　B「はい、全部来ていますよ。」

　　1　おそろいでしょうか　　　　　　　　2　おそろいになりましたか

　　3　そろわれたでしょうか　　　　　　　4　そろっておりますでしょうか

35 かげで悪口を言っているつもりでも、なぜか本人の耳に（　　　）、結局は悪口を言った人が信用をなくしてしまう。

1 入らずにはすまないもので 　　　　　2 入るかどうかにかかわらず

3 入るとは限らないもので 　　　　　　4 入らないこともなく

問題6　次の文の＿＿★＿＿に入る最もよいものを、1・2・3・4から一つ選びなさい。

36 夫は大好きな＿＿＿＿＿　＿＿＿＿＿　＿＿★＿＿　＿＿＿＿＿朝早く起きることも平気だ。

1 どんなに 　　　　　　　　　　　　2 ゴルフに出かける

3 とあれば 　　　　　　　　　　　　4 ため

37 3月31日＿＿＿＿＿　＿＿★＿＿　＿＿＿＿＿　＿＿＿＿＿ので、その後は各自で持参してください。

1 終了します 　　2 を限りに 　　3 無料サービスは 　　4 買い物袋の

38 さすがに私の祖父は＿＿＿＿＿　＿＿＿＿＿　＿＿★＿＿　＿＿＿＿＿道具の使い方がうまくて、みとれてしまう。

1 から見ても 　　2 大工だった 　　3 だけに 　　　　4 しろうとの私

39 A「田中君は仕事は早いんだが、どうも＿＿＿＿＿　＿＿★＿＿　＿＿＿＿＿　＿＿＿＿＿
　　君が確かめてくれないか。」
　　B「はい、わかりました。」

1 あるから 　　　2 きらいが 　　　3 すぐ勘違いする 　　4 もう一度

40 彼は、県大会で＿＿＿＿＿　＿＿＿＿＿　＿＿★＿＿　＿＿＿＿＿つもりだと言ってはばからない。

1 次の全国大会でも 　　　　　　　　2 からには

3 優勝する 　　　　　　　　　　　　4 優勝した

問題7　次の文章を読んで 41 から 45 の中に入る最もよいものを、1・2・3・4か
ら一つ選びなさい。

日本で2008年度に始まったインドネシア人看護師、介護福祉士候補者の受け入れ事業では、
大半の候補者が日本語の国家試験をパスできず、3年で帰国を 41 。だが、次に日本
を目指す若者たちは悩まない。笑顔でこう言うのだ。「 42 、日本に行ければ御の字
です」

看護師候補者は、来日して医療機関で「看護助手」として働きながら3年以内に国家試験
に合格しないと、帰国を強いられる。約270人のインドネシア人候補者のうち合格者はこれ
まで2人だけ。（中略）

「褥瘡」（床ずれの意）。外国の若者が、こんな漢字の専門用語が交じる試験に挑んでいる。
合格率が 43 。（中略）

現在、1万人以上のインドネシア人看護師が中東など海外で働くが、多くは個人で病院の
求人に応募し、渡航費なども自前だ。

44 、看護師候補者になれば、渡航費や語学研修費は日本側負担。4か月ほどの研
修中は生活雑費も支給される。医療機関では患者の身の回りの世話などを担当し、医療行
為には従事できないが、先進国での就労休験は帰国後の再就職でも 45 という。

それでも「可能なら、日本で看護師になり、先端医療の知識を吸収したい」との気持ちは
強い。

（「読売新聞」2010年5月11日付）

41

   1   余儀なくされそうだ   2   許可されそうだ

   3   まぬがれそうだ   4   禁じられそうだ

42

   1   それなら   2   だから   3   とりあえず   4   おかげで

43

   1   低いにこしたことはない   2   低いのは無理もない

   3   低いことはあり得ない   4   低いわけはない

44

   1   それにしても   2   それに及ばず

   3   それと同様に   4   それに比べ

45

   1   有利   2   不利   3   優越   4   無理

모의 테스트

정답 → 부록p.45

목표시간
50분

問題1 ＿＿＿の言葉の読み方として最もよいものを、1・2・3・4から一つ選びなさい。

1 面接後、張りつめていた緊張が緩んで、部屋を出たとたん座り込んでしまった。
　1　ゆるんで　　　　2　からんで　　　　3　ちぢんで　　　　4　はげんで

2 サポーターたちは一対一の均衡を破るシュートに大歓声を上げた。
　1　きんしょう　　　2　こうこう　　　　3　きんこう　　　　4　へいきん

3 この手口からして犯人が同一人物であることは明白だ。
　1　めいはく　　　　2　めいびゃく　　　3　みょうはく　　　4　めいじろ

4 少子化が進み、全国的に小学校の統合が相次いでいる。
　1　とここう　　　　2　どうこう　　　　3　どうごう　　　　4　とうごう

5 この古代都市の遺跡を保存していくのは、後世の人々に対する我々の義務だ。
　1　はいきょ　　　　2　いせき　　　　　3　あとち　　　　　4　いさん

6 高齢化で農業の担い手がますます減ってきている。
　1　やしないて　　　2　したいて　　　　3　かついで　　　　4　にないて

問題2 （　　　）に入れるのに最もよいものを、1・2・3・4から一つ選びなさい。

7 ウォーキングは自分のペースで気軽にできる（　　　）酸素運動の一つである。

  1 低　　　　　　　2 有　　　　　　　3 強　　　　　　　4 高

8 宇宙では年齢・性別にかかわらず骨（　　　）が低下してしまう。

  1 生長　　　　　　2 発育　　　　　　3 密度　　　　　　4 形成

9 ブログを読んでいるうちに会ったこともない人に（　　　）感がわいてきた。

  1 友情　　　　　　2 親愛　　　　　　3 友愛　　　　　　4 親近

10 今回の事故は会社にとって（　　　）なものとなってしまった。

  1 致命的　　　　　2 打算的　　　　　3 最終的　　　　　4 消極的

11 人間がいかに快適に、しかも効率よく暮らせるかという（　　　）から都市づくりをする。

  1 意欲　　　　　　2 観点　　　　　　3 発見　　　　　　4 想像

12 成績の（　　　）を問わず、この奨学金は学生なら応募できる。

  1 よしあし　　　　2 ぬきさし　　　　3 かけひき　　　　4 さしひき

13 昼夜逆転の生活をやめて、体調を自分で（　　　）しなさい。

  1 セット　　　　　2 オーダー　　　　3 アップ　　　　　4 コントロール

問題3 _____の言葉に意味が最も近いものを、1・2・3・4から一つ選びなさい。

14 芸術肌の彼女は子どものころから枠にはめられることを嫌っていた。

1 放任される 　　2 教育される 　　3 制限される 　　4 圧倒される

15 このストレス時代に健康を維持することの難しさをしみじみと感じる。

1 時に 　　　　2 ありのままに 　　3 切実に 　　　　4 しきりに

16 締め切りが迫っているのに、気ばかりあせって仕事がはかどらない。

1 昇進しない 　　2 進展しない 　　3 促進しない 　　4 展開しない

17 山頂に白い煙が確認された。すばやい対策が必要である。

1 早急な 　　　2 急激な 　　　　3 適切な 　　　　4 身軽な

18 この仕事を1人でやりとおしたとは、さぞ大変だったろう。

1 通過した 　　2 刊行した 　　　3 達成した 　　　4 到達した

19 選手たちの必死の努力もむなしく、メダルは取れずに終わってしまった。

1 満たされず 　　2 尽くされず 　　3 見なされず 　　4 報われず

問題4 次の言葉の使い方として最もよいものを、1・2・3・4から一つ選びなさい。

20 くすぐったい

1 虫に刺されたところが、くすぐったくてたまらない。

2 彼になんと言われようと痛くもくすぐったくもありません。

3 人前でおおげさにほめられてなんだかくすぐったかった。

4 暑さのせいか、赤ちゃんは1日中くすぐっていた。

21 ネック

1 その計画の一番のネックは資金がかかりすぎるという点である。

2 いろいろなネックがあるので、同窓会には欠かさず出席している。

3 彼は転職のときに有利なネックを身に付けようと準備を始めた。

4 国際平和はネック同士の信頼感がその基礎を作ると思う。

22 あべこべ

1 彼はどうしてわざとあべこべ道を行って苦労するのだろうか。

2 湖に映ったあべこべの富士山はとても美しかった。

3 あわてて時計を一時間あべこべに見て外出してしまった。

4 人事異動で後輩が私の上司となり、立場がいままでとあべこべになってしまった。

23 とぼける

1 上司と一緒に外出するのは気疲れでとぼける。

2 実力があるかのようにとぼけてしまった以上、がんばるしかない。

3 彼は都合が悪くなるとすぐ、そんな話は聞いていないととぼける。

4 つまらない口げんかが原因で2人の友情はすっかりとぼけてしまった。

24 初耳

1 初耳の彼のことだから、事件のことはもう知っているにちがいない。

2 今、赤ちゃんの声が聞こえたような気がしたけど、私の初耳かしら。

3 何を聞いても彼女は初耳で、返事もしないが、何かあったのだろうか。

4 彼女が若かりしころ、映画女優だったとは初耳だ。

25 なんなりと

1 彼がそんなことを言っただなんて、なんなりと残念でならない。

2 必要なものがあれば、なんなりとお申し付けください。

3 自分の不注意で会社になんなりと迷惑をかけてしまった。

4 その件については済んだことなのに、なんなりとけちをつけられた。

問題5　次の文の（　　　　）に入れるのに最もよいものを、1・2・3・4から一つ選びなさい。

26　人気作家の新作だからベストセラーになると思い（　　　　）、意外と売り上げが伸びない。

1　きや　　　　　　2　たら　　　　　　3　ながら　　　　　4　つつ

27　未曾有の高齢化社会の到来を（　　　　）、政府は消費税の値上げを検討し始めた。

1　もって　　　　　2　通して　　　　　3　よそに　　　　　4　ふまえて

28　その劇は東京公演を（　　　　）全国各地を巡回し、どこでも絶賛を博した。

1　きっかけに　　　2　皮切りに　　　　3　はじめに　　　　4　契機に

29　パソコンで文字を打ち込むのは便利で速い（　　　　）、漢字を忘れてしまう欠点がある。

1　上に　　　　　　2　うらはらに　　　3　逆に　　　　　　4　反面

30　南極に（　　　　）、東京の冬にそんなに分厚いコートが必要なの？

1　行くのであれば　　　　　　　　　　2　行ったのであったが

3　行くのではあるまいし　　　　　　　4　行かないまでも

31　A「この20年分のデータを、明日までにまとめてください。」
　　B「ええ！　そんなの（　　　　）！」

1　できるわけですよ　　　　　　　　　2　できっこないですよ

3　できるはずですよ　　　　　　　　　4　できていませんよ

32　彼女は自分を美人だと思っているらしいが、せいぜい十人並み（　　　　）。

1　といったものだろうか　　　　　　　2　といったところだろうか

3　ということではないか　　　　　　　4　というわけではないか

33　お問い合わせの件ですが、個人情報にかかわるため、詳細は（　　　　）。

1　教えて差し上げません　　　　　　　2　お話しになりかねます

3　申し上げかねます　　　　　　　　　4　申し上げざるを得ません

34 日本で最高の建築家が設計（　　　　）、それが個人の好みに合うかどうかは別問題だ。

1　してしまったから
2　しなかったとしても

3　しようとしても
4　したからといって

35 与党が大敗したこの選挙結果は、国民の怒りの（　　　　）。

1　表れにほかでもない
2　表れにほかにはない

3　表れにほかならない
4　表れにほかではない

問題6　次の文の＿＿＿★＿＿＿に入る最もよいものを、1・2・3・4から一つ選びなさい。

36　A「名前を見ずに、私からのプレゼントとわかったの？」

B「いや、ぼくの好みをあれほど＿＿＿＿＿　＿＿＿＿＿　＿＿★＿＿　＿＿＿＿＿いないよ。」

1　おいて
2　わかっているのは

3　君を
4　ほかには

37　ほんのいたずら程度でも、一度麻薬を＿＿＿＿＿　＿＿★＿＿　＿＿＿＿＿　＿＿＿＿＿戻れなくなるよ。

1　が最後
2　吸った
3　もう二度と
4　まともな生活に

38　新しい店ができたので出かけた＿＿＿＿＿　＿＿＿＿＿　＿＿★＿＿　＿＿＿＿＿ではなかった。

1　ところ
2　どころ

3　あまりの込みように
4　中に入る

39　この不景気だから、すごく高い給料を＿＿＿＿＿　＿＿＿＿＿　＿＿★＿＿　＿＿＿＿＿くらいは欲しいものだ。

1　くれとは
2　せめて家族が
3　言わないまでも
4　食べていける

40　今から急いで＿＿＿＿＿　＿＿＿＿＿　＿＿★＿＿　＿＿＿＿＿から、タクシーに乗りましょう。

1　走った
2　そうもない
3　間に合い
4　ところで

問題7　次の文章を読んで 41 から 45 の中に入る最もよいものを、1・2・3・4から一つ選びなさい。

　今、アメリカ・カナダやヨーロッパで静かなブームが起きている日本文化がある。日本人が学校や職場で食べているお弁当だ。

　外国で暮らす日本人女性が、 41 ごく普通のお弁当を作って家族に持たせた。職場や学校の人たちがその弁当を見て、「なんて美しい！」と感嘆したことからブームに火がついたそうだ。

　 42 日本のアニメやマンガは、海外で子どもたちに非常に人気があった。その中で登場人物が食べているおにぎりやタコの形のソーセージなどを見て、「あれはなんだろう？」と不思議に思っていた子どもたちが、日本の食べ物に関心を持っていたことも 43 。

　弁当はそのままBentoやObentoという外国語になり、弁当箱も売られ、弁当の作り方に関する本も数多く出版されている。

　たくさんのおかずが少しずつきれいに詰められ、おむすびで顔を作ったり、リンゴをウサギ形に切ったりと、見た目にも楽しい日本の弁当にすっかり夢中になった人も多い。

　日本ではサクラの下で広げる花見弁当、列車の中で食べるその地方 44 の駅弁、芝居や相撲を見るときの幕の内弁当など、日本人の行楽に弁当は 45 ものだ。その日本の弁当が海外に広がっていると想像すると楽しい限りだ。

　かつて日本人はアメリカのテレビドラマなどで、ステーキやローストチキンが並ぶ食卓にあこがれのため息をついた。今やOnigiriやNoriといった日本語が海外で通用するようになり、かわいくて健康的なお弁当に海外の人たちがため息をついている。

41

   1　外国人なら　　　　2　日本人としては　　3　日本人なりの　　　4　外国にしては

42

   1　それ以前から　　　2　それ以後にも　　　3　その際に　　　　　4　その末に

43

   1　ブームに火がついた　　　　　　　　2　ブームを加速した
   3　ブームを下火にした　　　　　　　　4　ブームに乗った

44

   1　ずくめ　　　　　2　ばかり　　　　　3　なり　　　　　　4　ならでは

45

   1　欠かすべからず　　　　　　　　　　2　欠かしようがない
   3　欠かすべからざる　　　　　　　　　4　欠かさざるを得ない

問題1 ＿＿＿＿の言葉の読み方として最もよいものを、1・2・3・4から一つ選びなさい。

1 彼女はおいしいものに目がないから、やせたいという願いは<u>叶えられ</u>そうにない。

  1 さかえられ   2 かなえられ   3 となえられ   4 かまえられ

2 会議が<u>円滑</u>に進むよう関係者に前もって根回しをしておいた。

  1 えんまん   2 えんがつ   3 えんこつ   4 えんかつ

3 宇宙開発という<u>壮大な</u>計画が着々と進められている。

  1 そうだいな   2 ほうだいな   3 ゆうだいな   4 しょうたいな

4 今日の講義は前回のものと内容が<u>重複</u>していて、退屈極まりなかった。

  1 しゅうふく   2 ちょふく   3 ちょうふく   4 しょうふく

5 <u>利潤</u>を上げるためには、人件費を削るという苦しい選択をせざるを得ない。

  1 りざや   2 りじゅん   3 りそく   4 りしゅん

6 <u>同い年</u>のいとことは気が合い、2人でよく旅行している。

  1 おないどし   2 おないねん   3 どういねん   4 どういとし

問題2 （　　　　）に入れるのに最もよいものを、1・2・3・4から一つ選びなさい。

7　深海に眠る（　　　　）開拓の資源が国際的な注目を集め始めた。

　　1　非　　　　　　　2　不　　　　　　　3　未　　　　　　　4　末

8　食品（　　　　）物のほとんどは食べても分解されるかそのまま自然に排せつされる。

　　1　添加　　　　　　2　加味　　　　　　3　香料　　　　　　4　保健

9　遊園地に出かけたものの、あまりの人込みに（　　　　）引き返してきた。

　　1　迷惑して　　　　2　閉口して　　　　3　渋滞して　　　　4　圧迫して

10　この和菓子はわざわざ製造元から（　　　　）ものです。

　　1　取り寄せた　　　2　取り付けた　　　3　引き受けた　　　4　引き寄せた

11　この自己PR文じゃ（　　　　）がないから、やり直したほうがいいよ。

　　1　インストール　　2　インプット　　　3　インパクト　　　4　インボイス

12　自国の文化を（　　　　）ことはよいことだが、主張しすぎると問題が起きる。

　　1　探る　　　　　　2　譲る　　　　　　3　誇る　　　　　　4　凝る

13　心身に（　　　　）を感じたら自己判断せずに病院に行ったほうがいい。

　　1　不良　　　　　　2　不明　　　　　　3　不正　　　　　　4　不調

問題3 _____の言葉に意味が最も近いものを、1・2・3・4から一つ選びなさい。

14 旅に出ると、<u>とりあえず</u>地元の名物料理を食べることにしている。

1 まずは 　　　　 2 わざわざ 　　　　 3 必ず 　　　　 4 かねて

15 おかげさまで、家族全員<u>格別</u>に変わったことはありませんでした。

1 これをもって 　 2 ことによると 　 3 ここのところ 　 4 これといって

16 あの科学者の影響力は、最近政治の<u>領域</u>にまで及んでいる。

1 内面 　　　　 2 地帯 　　　　 3 範囲 　　　　 4 区画

17 不正を長年<u>見逃して</u>きた会社側の責任も当然大きい。

1 批評しないで 　 2 確認しないで 　 3 助言しないで 　 4 討論しないで

18 口うるさい母親は成長した息子にとって、もはや<u>けむたい</u>存在だった。

1 まっぴらな 　　 2 窮屈な 　　　　 3 否定的な 　　　 4 ささやかな

19 営業はこれまでの仕事と勝手が違うので、毎日<u>しくじって</u>ばかりです。

1 見落として 　　 2 失敗して 　　　 3 発見して 　　　 4 断念して

問題4 次の言葉の使い方として最もよいものを、1・2・3・4から一つ選びなさい。

20 人目

1 <u>人目</u>が悪いから、夫と別居していることは近所には秘密にしている。

2 あの人ならPTA会長として<u>人目</u>も十分だ。

3 母校の<u>人目</u>をけがさないよう全力を尽くしてがんばる。

4 何かにつけて<u>人目</u>を気にしすぎると、できることもできないですよ。

21 とりわけ

1 週末にとりわけな買い物をして、仕事のストレスを解消している。

2 とりわけの理由があって来週転居することにした。

3 最近厳しい暑さが続いているが、今日はとりわけ暑くてまいった。

4 だれだって一生懸命がんばれば、とりわけの結果はついてくるはずだ。

22 ニーズ

1 消費者のニーズをよく調べて商品開発をする。

2 2人の意見はそれほどのニーズにならない。

3 災害対策のために、日ごろからご近所とのニーズを大切にしている。

4 最初の計画では、これだけのニーズの資金で十分だ。

23 ぽつぽつ

1 ふいてもふいても汗が額からぽつぽつ流れてくる。

2 土手の上から大量の土砂がぽつぽつと落下してきた。

3 開演まで時間はまだありますが、ぽつぽつ席に戻りましょう。

4 ぽつぽつしないで早く仕事を終わらせてください。

24 ふける

1 足腰の筋肉がふけて、以前のように山歩きができない。

2 前に会ったときよりも両親は一段とふけてしまった。

3 彼女は若いのにどうしてふけた色の服ばかり着るのだろうか。

4 自分より10歳ふけた妻の尻にしかれている。

25 うっとうしい

1 どうも彼女にはうっとうしい過去がありそうだ。

2 医者の態度が冷たくて、うっとうしい思いをさせられた。

3 なんでも知りたがる彼が最近うっとうしくなった。

4 あの先生は性格がうっとうしいからすぐ怒り出す。

問題5　次の文の（　　　）に入れるのに最もよいものを、1・2・3・4から一つ選びなさい。

26　球の打ち方よりも、まずゴルフクラブの握り方から（　　　）間違えている。

1　さえ　　　　　　2　して　　　　　　3　でも　　　　　　4　すら

27　「宝くじを当てよう」なんて夢みたいなこと考えずに、もっと現実に（　　　）考えなさい。

1　即して　　　　　2　つれて　　　　　3　わたって　　　　4　伴って

28　これがあなたの履歴書ですか。ちょっと（　　　）よろしいですか。

1　見せてくださって　　　　　　　　2　見せていただいて

3　見られて　　　　　　　　　　　　4　見せてあげて

29　A「彼女、僕に怒ってるみたい。」

　　B「そりゃ、女性に体重を聞くんだ（　　　）。怒って当然よ。」

1　ったら　　　　　2　って　　　　　　3　っけ　　　　　　4　もの

30　貧しい家に生まれて私がどんなに苦労したか、君（　　　）にわかるものか。

1　のよう　　　　　2　くらい　　　　　3　ごとき　　　　　4　みたい

31　結婚して30年（　　　）、もう相手の考えていることは、だいたいわかります。

1　ともなれば　　　2　ともすれば　　　3　というもの　　　4　どころか

32　食糧危機は途上国（　　　）、遠からず全世界共通の問題になるだろう。

1　はともかく　　　2　を問わず　　　　3　だけにしろ　　　4　のみならず

33　私は甘いものは苦手だが、ぜひにとすすめられれば（　　　）。

1　食べないわけがない　　　　　　　2　食べないものでもない

3　食べるとも限らない　　　　　　　4　食べないものはない

34　コーヒーの楽しみはその（　　　）、鼻がつまっているとおいしさが半減する。

1　香りにこそあるのだから　　　　　2　香りにあるとはいえ

3　香りのみではないのだから　　　　4　香りのみだというものの

35 いくらたくさんお金を貯めたって、使わずに死んでしまえば（　　　）。

1　それくらいだ　　　　　　　　　2　そうしたものだ

3　そんなことだ　　　　　　　　　4　それまでだ

問題6　次の文の＿＿★＿＿に入る最もよいものを、1・2・3・4から一つ選びなさい。

36　A「アルバイトの時給はいくらですか。」

B「能力や経験＿＿＿＿＿　＿＿★＿＿　＿＿＿＿＿　＿＿＿＿＿ところです。」

1　1000円前後　　　2　に応じて　　　3　違いますが　　　4　といった

37　この話は信じがたいが、＿＿＿＿＿　＿＿★＿＿　＿＿＿＿＿　＿＿＿＿＿なのだから、きっと真実だろう。

1　得た情報　　　2　信用に足る　　　3　十分　　　4　人から

38　村田さんの親は資産家＿＿＿＿＿　＿＿＿＿＿　＿＿★＿＿　＿＿＿＿＿土地を所有している。

1　見渡せる　　　2　だけあって　　　3　裏山から　　　4　限りの

39　今どきの大学生＿＿＿＿＿　＿＿★＿＿　＿＿＿＿＿　＿＿＿＿＿だってできない人がたくさんいるそうだ。一体どうやって入試に合格したんだろう。

1　中学レベルの勉強　　　　　　　　2　高校レベルの勉強

3　はおろか　　　　　　　　　　　　4　ときたら

40　あの学校は、＿＿＿＿＿　＿＿★＿＿　＿＿＿＿＿　＿＿＿＿＿ものなら、教室に入れてもらえない。

1　たとえ　　　2　たりとも　　　3　遅刻しよう　　　4　1分

問題7　次の文章を読んで 41 から 45 の中に入る最もよいものを、1・2・3・4から一つ選びなさい。

　人生の運・不運を分けるのは、タイミングが大きく影響を与えると言えよう。

　たとえば野球の試合では、バットを振るタイミング、走り出すタイミングなど、勝敗はタイミング 41 は語れない。オリンピックなどでは4年前では技術が完成していなかった、4年たったら体力のピークが過ぎていた、というケースも 42 。自分が何歳のときにオリンピックがあるかも「タイミング」だ。

　すばらしいピアノの先生に20歳で出会っても、残念ながらその年から習ってプロのピアニストにはなることは、ほぼ不可能だ。

　交通事故にあうのも、車が通った瞬間にそこを歩いてたという運の悪いタイミングだ。

　ある年は、どこの大学生も引く手あまたで 43-a 。ところがその翌年は不景気で、優秀な学生ですら 43-b 、そういう年周りも過去に何度もあった。

　だがなんといっても大事なのは、結婚相手とめぐり会うタイミングだろう。「そろそろ結婚したいなあ」と思ったとき、運命の人がタイミングよく現れるという幸運はどのくらいあるのだろうか。かといって「理想の相手がほかにいるにちがいない」と、いつまでも先送りしていると、独身のまま一生を 44 。

　しかし、神様 45 、我々人間はいつチャンスがめぐってくるかは予想できない。せめてチャンスが来たときに逃すことのないように、普段から自分を磨いておくことだ。

41

1 をいいことに　　2 を抜きにして　　3 を問わず　　　　4 をひいて

42

1 あるまいか　　　　　　　　2 あるべきだ

3 あり得ないはずだ　　　　　4 あり得るだろう

43

1 a 就職できた　／　b 就職できない　2 a 就職できなかった　／　b 就職できた

3 a 就職できた　／　b 就職できる　4 a 就職できなかった　／　b 就職できず

44

1 終わったことになるにちがいない　　2 終えることになりかねない

3 終えたことになるはずだ　　　　　　4 終わったことになりかねない

45

1 だったとしても　　2 ではあるまいし　3 であるなら　　　　4 とあれば

제10회

모의 테스트

정답 → 부록p.47

목표시간
50분

問題1 ＿＿＿の言葉の読み方として最もよいものを、1・2・3・4から一つ選びなさい。

1 歌声を聞いたとたん、彼女は世界に通用する歌手になるに違いないと<u>直感</u>した。
　　1　ちょくかん　　　2　じきかん　　　　3　じっかん　　　　4　ちょっかん

2 住まいのリフォームは当社にお任せください。<u>見積り</u>は無料です。
　　1　みはかり　　　　2　みはり　　　　　3　みつもり　　　　4　みせきり

3 単なる趣味だと言っているが、実は彼の将棋の腕はプロに<u>匹敵</u>する。
　　1　ひてき　　　　　2　どうとう　　　　3　ひってき　　　　4　たいとう

4 彼の体験した恐ろしい話を聞いているうち、急に<u>寒気</u>がした。
　　1　かんき　　　　　2　さむけ　　　　　3　さむき　　　　　4　かんぎ

5 下町<u>情緒</u>がそこかしこに残っているこの辺りを散歩するのが日課になっている。
　　1　じょうちょ　　　2　しょうちょ　　　3　じょうじょ　　　4　しょうじょ

6 天然ガスは<u>埋蔵</u>量が豊富なうえ、CO₂排出量が少なく環境にやさしい燃料である。
　　1　りそう　　　　　2　りぞう　　　　　3　まいそう　　　　4　まいぞう

問題2 （　　　）に入れるのに最もよいものを、1・2・3・4から一つ選びなさい。

7　今は働き方も家族のかたちも多種（　　　）時代となった。

1　混同した　　　2　多様な　　　3　様相の　　　4　雑多な

8　「65歳から高齢者」という（　　　）を見直すべきだという考えが広まっている。

1　決意　　　2　規則　　　3　設置　　　4　定義

9　この寺院は当時の建築技術の（　　　）を集めて建立されたものです。

1　極　　　2　智　　　3　粋　　　4　髄

10　国連はその活動を多くの人に理解してもらおうと、世界的に（　　　）な人物を平和大使に選んでいる。

1　著名　　　2　高尚　　　3　偉業　　　4　希少

11　まず自分の主張を述べ、次にその（　　　）を挙げるとわかりやすい。

1　言論　　　2　起源　　　3　記述　　　4　根拠

12　各政党の配布した（　　　）に掲載された内容をよく読み、だれに投票するか決めた。

1　コンテンツ　　　2　マニフェスト　　　3　コメント　　　4　リスト

13　植木職人だった父は、仕事に関しては一切の（　　　）を許さなかった。

1　努力　　　2　協同　　　3　共通　　　4　妥協

問題3 ＿＿＿の言葉に意味が最も近いものを、1・2・3・4から一つ選びなさい。

14 確かにあの人には以前会ったことがある。顔のほくろに<u>覚え</u>があるんだ。

1　記憶　　　　　　2　自覚　　　　　　3　見当　　　　　　4　記録

15 明日の交渉ではこちらの要求が通るまで<u>粘る</u>つもりだ。

1　となえる　　　　2　もめる　　　　　3　がんばる　　　　4　おだてる

16 法律には素人の彼が<u>半端な</u>知識を振りかざして失笑をかった。

1　うさんくさい　　2　十分でない　　　3　気のきかない　　4　ばかばかしい

17 この美術館はまわりの風景とうまく<u>調和して</u>いる。

1　セットして　　　2　ゲットして　　　3　マッチして　　　4　フィットして

18 来学期から学生の希望を<u>採用した</u>授業ができるよう準備している。

1　取り決めた　　　2　取り立てた　　　3　取り出した　　　4　取り入れた

19 彼は政治家になりたいという<u>野心</u>を持っている。

1　はかない望み　　2　大きな望み　　　3　多少の望み　　　4　意外な望み

問題4 次の言葉の使い方として最もよいものを、1・2・3・4から一つ選びなさい。

20 きまり悪い

1　会社の同僚に彼女とのデートを目撃されて<u>きまり悪かった</u>。

2　ヘビやカエルは<u>きまり悪く</u>苦手だという人が多い。

3　娘は幼いときから人見知りをして<u>きまり悪い</u>子どもだった。

4　会場が暑すぎて途中で<u>きまり悪く</u>なってしまった。

21 めど

1 以前から評判のめどを聞いていたレストランの予約がとれた。

2 弟はああ言っているけど、めどが当たったためしがない。

3 銀行から資金を借りられて、ラーメン屋開店のめどがついた。

4 彼の妻は夫の財産めどの結婚をした。

22 ハードル

1 高層マンションの建設計画に住民から激しいハードルがかかって中止となった。

2 受験が迫っているので、勉強のハードルをいくつも作るつもりだ。

3 この仕事はどうしても進めたいが、社長を説得するハードルが思いつかない。

4 核兵器廃絶には越えねばならないいくつもの高いハードルがある。

23 目覚める

1 オリンピックが終わってから、この国は目覚める発展をした。

2 友人とおしゃべりしているときに、この計画を目覚めたんです。

3 あの先生に出会ったおかげで、学ぶことのおもしろさに目覚めることができた。

4 このいたずらの犯人はこの子だと、その表情で目覚めた。

24 ひやかす

1 事故現場の悲惨な状況に心がひやかしてしまった。

2 年に１度開かれる骨董市をひやかして歩いた。

3 祖母のひやかした話にみな思わず悲鳴をあげてしまった。

4 彼女との友情はいつのころからか自然とひやかしてしまった。

25 げっそり

1 ペットがげっそり死んでしまい家族全員悲しんでいる。

2 たった１週間の入院で、父はげっそりとほおがこけ、まるで別人のようだった。

3 不況のせいでリストラされたので、しばらくげっそり自由を楽しむことにした。

4 課長はこまかいことにうるさくて本当にげっそりした人だ。

問題5　次の文の（　　　　）に入れるのに最もよいものを、1・2・3・4から一つ選びなさい。

26 返済不要の奨学金をもらう（　　　　）、それにふさわしい成績を取ることが要求される。

1　からには　　　　2　からして　　　　3　からすると　　　　4　からいえば

27 彼女は若いが仕事ぶりは信頼できるから、心配するには（　　　　）。任せておきなさい。

1　いられない　　　2　いたらない　　　3　たまらない　　　4　およばない

28 自由業というものは一度信用を失ったが（　　　　）、二度と依頼が来ることはない。

1　終わり　　　　　2　最後　　　　　　3　限り　　　　　　4　とたん

29 思い切って法律を厳しく（　　　　）、同じような被害者が後を絶たないだろう。

1　する限り　　　　2　しない限り　　　3　するところ　　　4　したところ

30 幼い子どもが亡くなった悲惨な事故（　　　　）、飲酒運転の罰則が強化された。

1　を皮切りとして　　2　を基準として　　3　に基づいて　　4　を契機として

31 A「今日のピアノコンサートは最低だったよ！」

　　B「聴くに（　　　　）演奏だったね。」

1　たえない　　　　2　たまらない　　　3　あたいする　　　4　がまんする

32 いくら名人（　　　　）、よい材料とよい道具がなければ立派な作品は作れない。

1　からこそ　　　　2　といえども　　　3　といえば　　　　4　とあれば

33 A「7時に予約している山田ですが……。」

　　B「2名様のご予約ですね。はい、確かに（　　　　）おります。」

1　ご予約いたして　　2　ご予約されて　　　3　うけられて　　　4　うけたまわって

34 もう済んでしまったことは（　　　　）、二度と同じ間違いをしてはいけないよ。

1　あきらめるほかはないが　　　　　　2　あきらめることはないが

3　あきらめてはならないが　　　　　　4　あきらめようがないが

35 今日こそ歯医者に行こうと思いつつも、（　　　）。

1 行かないことにしました　　　　　2 今日行ってきました

3 一日延ばしにしています　　　　　4 行ったことはありません

問題6　次の文の___★___に入る最もよいものを、1・2・3・4から一つ選びなさい。

36 新発売のゲームが欲しくて_____ _____ __★__ _____が、どこも完
売していた。

1 電気屋　　　　　2 電気屋を　　　　3 という　　　　4 探した

37 日本では、音を立ててそばを_____ _____ __★__ _____、私にとっ
ては抵抗がある。

1 食べても　　　　2 あたらない　　　3 らしいが　　　　4 失礼に

38 熱しやすく冷めやすい日本人の_____ __★__ _____ _____かたくな
いね。

1 このブームも　　　　　　　　　　2 想像するに

3 ことだから　　　　　　　　　　　4 一時のもので終わることは

39 お世話になってお礼しない_____ _____ __★__ _____安物もあげら
れないし。何をさしあげればいいのだろう。

1 ともなれば　　　　2 わけにも　　　　3 社長　　　　　4 いかないし

40 客の減ったデパートは_____ _____ __★__ _____店員をたくさん配
置した。

1 外国語の話せる　　2 外国人観光客を　　3 呼び入れる　　　4 べく

問題7　次の文章を読んで　41　から　45　の中に入る最もよいものを、1・2・3・4から一つ選びなさい。

　　　十数年前までニューヨークの地下鉄　41　、危険極まりない場所でした。地下鉄公団は「割れ窓理論」を唱えた学者ジョージ・ケリング博士を顧問にして、対策に乗り出しました。博士が最初にさせたのは、落書きを徹底的に消すこと、割れたガラスを直すこと、無賃乗車などの軽犯罪をきちんと取り締まることでした。

　　「そんなことで犯罪が　42　」と、最初はだれしもが嘲笑しました。

　　ところが数年たつと、驚いたことに犯罪が激減したのです。

　　その結果を見て、ニューヨーク市長も市政にその理論を取り入れました。

　　警察官を5000人増員してパトロールを強化し、軽犯罪を徹底的に取り締まり、おりからの景気回復による失業者の減少とあいまって、5年後には犯罪は半分以下になりました。安全を取り戻したニューヨークに、去って行った住人が戻り、観光客も訪れるようになりました。

　　ではケリング博士の「割れ窓理論」とは、どういう理論なのでしょうか。

　　建物のガラスが割れたままだったり落書きだらけだと、「ああ、この建物には管理人がいないのだ」と思います。きれいな建物の最初の1枚のガラスを割ることには、かなりの抵抗がありますが、すでにガラスの割れた建物の2枚目、3枚目を割ることには、抵抗がずっと薄れます。　43-a　割れた窓を放置することで、まもなく建物の　43-b　ガラスが割られてしまう。そして街全体になんとも言えないすさんだ空気が漂います。

　　　44　「割れ窓理論」とは、目に見える小さな犯罪を放置することが、より凶悪な犯罪を呼び起こしてしまうのだから、ほんの　45　という考え方なのです。今では学校などにもこの理論は応用されています。

41

1 といえば 　　　 2 にしたら 　　　 3 にしては 　　　 4 とすると

42

1 増えないはずだ 　 2 増えるものか 　　 3 減るはずだ 　　　 4 減るものか

43

1 a 1枚の 　／ b 2枚目の 　　 2 a 1枚の 　／ b すべての
3 a すべての 　／ b 2、3枚目の 　 4 a 2、3枚の 　／ b すべての

44

1 ところが 　　　 2 しかし 　　　 3 すなわち 　　　 4 たとえば

45

1 小さな犯罪も見逃すまい 　　　　 2 小さな犯罪なら見逃しかねない
3 小さな犯罪は見逃すしかない 　　 4 小さな犯罪を見逃すまでもない

모의 테스트

정답 → 부록 p.48

목표시간
50 분

問題1 _____ の言葉の読み方として最もよいものを、1・2・3・4から一つ選びなさい。

1 会社再建のために就任した社長は、人員削減はなんとか避けたいとの考えを示した。
　1　さくげん　　　　2　さくじょ　　　　3　しょうけん　　　4　けいげん

2 人間の出生時の男女比は人種や時代に関係なく、女100人に対して男105人前後になるという。
　1　しゅせい　　　　2　しゅうしょう　　　3　しつせい　　　　4　しゅっしょう

3 世界各地で大小さまざまな火山の噴火が頻繁に起きている。
　1　ひはん　　　　　2　ひんぱん　　　　3　せいはん　　　　4　ひんばん

4 絶滅の危機に直面した野生動物を保護しようという声が世界のあちこちで上がっている。
　1　ぜつげん　　　　2　ぜっけん　　　　3　ぜつめつ　　　　4　ぜんめつ

5 濃い霧が発生して視界が遮られ、試合は一時中断された。
　1　まぎられ　　　　2　さえぎられ　　　3　のがれられ　　　4　すたれられ

6 一般家庭でも住宅用火災警報器の設置が義務づけられている。
　1　そうち　　　　　2　そうび　　　　　3　せつび　　　　　4　せっち

問題2　（　　　　）に入れるのに最もよいものを、1・2・3・4から一つ選びなさい。

7 犯罪が増えているので（　　　　）確認のために小学生の息子に携帯電話を持たせている。
　1　所在　　　　　　2　所帯　　　　　　3　留守　　　　　　4　存在

8 「電子書籍の未来を考える」という（　　　　）に出席し講演した。
　1　セクション　　　2　シンポジウム　　3　コンテスト　　　4　スペース

9 ほんの少し前までは、人間の生活は絶え間ない食糧不足と（　　　　）症との闘いであった。
　1　適応　　　　　　2　神経　　　　　　3　感染　　　　　　4　殺菌

10 祖母は日本の伝統的服装である和服を若い人に（　　　　）したいと着付け教室を開いている。
　1　仲介　　　　　　2　続行　　　　　　3　奨励　　　　　　4　推進

11 近所の家族が生活（　　　　）から一家心中を図った。
　1　臭　　　　　　　2　風　　　　　　　3　度　　　　　　　4　苦

12 日本語が（　　　　）な外国人タレントが、多数テレビで活躍している。
　1　上達　　　　　　2　名人　　　　　　3　達者　　　　　　4　達人

13 ブランド品を（　　　　）買いあさる女性の心理はよくわからない。
　1　飾って　　　　　2　競って　　　　　3　慕って　　　　　4　奪って

問題3 _____の言葉に意味が最も近いものを、1・2・3・4から一つ選びなさい。

14 そろそろ身を固めたらどうなのと、親がうるさく言う。

　　1　自立したら　　　　2　独立したら　　　　3　結婚したら　　　　4　出世したら

15 何事もポジティブに考えて行動しよう。

　　1　革新的　　　　　　2　積極的　　　　　　3　画期的　　　　　　4　否定的

16 何度も銀行に足を運んでやっと融資の申し込みを受け付けてもらえた。

　　1　出願して　　　　　2　承諾して　　　　　3　拝借して　　　　　4　面接して

17 PTAの役員は円滑に決まったためしがない。

　　1　すんなり　　　　　2　しんなり　　　　　3　きっぱり　　　　　4　きっかり

18 一方的に相手の非をとがめるのは見苦しいものだ。

　　1　説く　　　　　　　2　改める　　　　　　3　問う　　　　　　　4　責める

19 大事なお客さんなんだからぞんざいな口はきかないこと、と店長にくぎをさされた。

　　1　丁寧でない　　　　2　適当でない　　　　3　冷静でない　　　　4　複雑でない

問題4 次の言葉の使い方として最もよいものを、1・2・3・4から一つ選びなさい。

20 ひそか

　　1　世間を騒がせたあのできごとも、10年たった今、すっかりひそかになってしまった。

　　2　上司はライバル社への転職をひそかにもくろんでいる。

　　3　都会にしてはこのあたりは住宅がひそかだ。

　　4　気分がよいとみえて、彼女はひそか歌を歌っている。

21 ずるずる

1 あの男はこうと決めたらずるずる突き進んでいくタイプの人間だ。

2 いつまでもずるずるなら、先に行っちゃうからね。

3 残業をしていたら最終バスにずるずると乗り遅れてしまった。

4 結論をずるずる引き延ばして時間稼ぎをした。

22 上回る

1 上回った彼はクラスで一番の成績で卒業した。

2 ボーナス支給額は予想をはるかに上回った。

3 彼女は上回った知性の持ち主だ。

4 母親の実家は地方でも上回った名門の家柄である。

23 突如

1 テレビばかり見ないで突如宿題を済ませなさい。

2 お電話くだされればいつでも突如うかがいます。

3 入院中の祖母の病状が突如悪化したという知らせが入った。

4 全員がそろったら突如出発します。

24 ピーク

1 我が家はこれから教育費の負担がピークにさしかかる。

2 さまざまな情報がありすぎて、解決のピークが見つからない。

3 ダイエットの目的でジムに通っているが1カ月たってもピークがこない。

4 社長との最終面接でピークの緊張だった。

25 ずれ

1 1日の気温のずれが大きいので、体調を崩しやすい。

2 最近、お体のずれはございませんか。

3 両者の意見のずれを調整するには多少の時間が必要だ。

4 あの選手はサッカーの正式メンバーからずれ落ちてしまった。

問題5　次の文の（　　　）に入れるのに最もよいものを、1・2・3・4から一つ選びなさい。

26　彼はたしかに頭はきれるのだが、自信を持ちすぎて独走するきらい（　　　）。

1　である　　　　　　2　がある　　　　　　3　になる　　　　　　4　でならない

27　宿泊客の評価が高いホテル（　　　）、一度泊まった客の好みはすべて記録されている。

1　だとして　　　　2　といって　　　　3　だけあって　　　4　のわりには

28　消防士は炎を（　　　）せずに、燃える家に入っていって住人を救い出した。

1　よそにも　　　　2　ものとも　　　　3　ことにも　　　　4　よそにも

29　現役市長が圧倒的に優勢というマスコミの予想に（　　　）、新人の森川氏が逆転当選した。

1　反して　　　　　2　応じて　　　　　3　伴って　　　　　4　ひきかえ

30　彼は食事はカップラーメンだけで済ませる（　　　）、趣味の車には大金を使っている。

1　反対に　　　　　2　おかげで　　　　3　他方で　　　　　4　一方で

31　いつまでも寒いと思っていたけれど、春一番も吹いて急に春（　　　）きましたね。

1　っぽく　　　　　2　めいて　　　　　3　らしく　　　　　4　じみて

32　とてもめずらしい本が手に入りましたので、ご覧に（　　　）。

1　なりましょう　　　　　　　　　　2　差し上げましょう

3　入れましょう　　　　　　　　　　4　致しましょう

33　A「この株は絶対上がりますから、今、買うべきですよ。」

　　　B「この前も同じ手口でだまそうとしたくせに。だれが二度と（　　　）。」

1　だまされるものなのか　　　　　　2　だまされるものか

3　だまされるどころだ　　　　　　　4　だまされたものか

34　私がたまたまその言葉を（　　　）、日本語がわかっていないなんて、ばかにしないで。

1　知っているというだけで　　　　　2　知っているのだから

3　知らなかったというだけで　　　　4　知らなかったのだから

35 仕事の都合で引っ越しには慣れているが、そのたびの友人との別れは、何回も経験したから平気に（　　　）。

1　なるというまでもない

2　なるというものではない

3　ならないといえなくもない

4　ならないというものではない

問題6　次の文の＿＿★＿＿に入る最もよいものを、1・2・3・4から一つ選びなさい。

36 さびしくなる＿＿＿＿＿　＿＿＿＿＿　＿＿★＿＿　＿＿＿＿＿ずくめの一年でした。

1　めでたいこと　　2　息子も娘も　　3　とはいえ　　4　結婚が決まって

37 私の欲しい物を買って＿＿＿＿＿　＿＿＿＿＿　＿＿★＿＿　＿＿＿＿＿ないんだけどね。

1　つき合わない　　2　買い物に　　3　ものでも　　4　くれるなら

38 社長が一番えらい＿＿＿＿＿　＿＿＿＿＿　＿＿★＿＿　＿＿＿＿＿から、まず社員を大事にしないと。

1　あっての　　2　会社なんだ　　3　といっても　　4　社員

39 ここでバーベキューをする＿＿＿＿＿　＿＿＿＿＿　＿＿★＿＿　＿＿＿＿＿ゴミまで散らかして！

1　からして　　2　禁止なのに　　3　そのうえ　　4　こと

40 ちゃんとお金は送った＿＿＿＿＿　＿＿★＿＿　＿＿＿＿＿　＿＿＿＿＿ようだ。

1　と　　2　住所を間違えて　　3　思いきや　　4　届いていない

問題7　次の文章を読んで　41　から　45　の中に入る最もよいものを、1・2・3・4から一つ選びなさい。

　　ある国の大臣が「大学の翌年度の研究補助金は、前年度の研究の成功数に　41　出す」と決めた。学生たちが必死に研究して結果を出し、科学技術は大いに発展すると思いきや　42　。

　　大きな研究は短期間にできるものではない。限りなく失敗をくり返しながら、何年もかかってやっと成功にこぎつけるものだ。しかし、「そんなことをしていたら来年補助金をもらえない」と、学生たちは1年で簡単に結果の出る小さなテーマばかりを選ぶようになってしまったのだ。

　　失敗は決して　43　ではない。1人がある方法で失敗したら、次の人はその方法を最初から除くことができる。たくさん失敗例があればあるほど、正しいやり方を選べる確率が高くなる。

　「おそらく自分が生きている間に、成功することはないだろう」という壮大な研究に取り組む人たちが絶えずいたおかげで、人類は空を飛ぶこともでき、ついに宇宙にまで行けるようになったのだ。　44　失敗そのものが思いがけず役に立つこともある。人類の寿命を30年延ばしたと言われるペニシリンは、検体にうっかりカビを生やしたことから発見された。ノートや本に貼る取り外し自由の小さな付箋(ふせん)は「くっつかない糊(のり)」という失敗作から生まれたものなのだ。

　　失敗を　45　。失敗から何を学ぶかが大事なのだ。

41

  1 応じて   2 比べて   3 関して   4 答えて

42

  1 予想したごとくだった   2 まさしく予想通りになった

  3 予想にこたえる結果だった   4 予想に反する結果になった

43

  1 無念   2 無駄   3 無理   4 無茶

44

  1 それにもかかわらず   2 それはそうと

  3 そればかりか   4 それというのも

45

  1 恥ずかしいことはない   2 恥ずかしがるものはない

  3 恥ずかしいほかはない   4 恥ずかしがることはない

제12회

모의 테스트

정답 → 부록p.49

목표시간 **50** 분

問題1 ＿＿＿＿の言葉の読み方として最もよいものを、1・2・3・4から一つ選びなさい。

1 日本では終身雇用制度が<u>崩壊</u>し、転職経験のある人が増えてきた。

  1　ぼうかい　　　　2　ほうがい　　　　3　ほうかい　　　　4　ぼうがい

2 いいスピーチは最初のひとことが<u>肝心</u>だと言われているので入念に準備した。

  1　かんじん　　　　2　かんしん　　　　3　がんじん　　　　4　がんしん

3 <u>配偶者</u>間暴力は殺人などの重大事件に発展する可能性がある。

  1　はいぞくしゃ　　2　はいぐうしゃ　　3　ふうふ　　　　　4　はいくうしゃ

4 仕事<u>一筋</u>だった父が、定年後ボランティア活動に生きがいを見い出した。

  1　いちすじ　　　　2　いちきん　　　　3　ひとすじ　　　　4　ひときん

5 あの若者の腕はまだまだ<u>未熟</u>だが、将来性は評価できる。

  1　みじゅく　　　　2　みしゅぐ　　　　3　みじょく　　　　4　みち

6 一度<u>沸騰</u>させたお湯を冷ました白湯（さゆ）の持つ、体質を改善する効果が注目されている。

  1　ふっとう　　　　2　ふっどう　　　　3　ふつどう　　　　4　ふつとう

問題2 （　　　）に入れるのに最もよいものを、1・2・3・4から一つ選びなさい。

7　先輩の指導は厳しいが、（　　　）に相手の成長を思いやるやさしさがある。

　　1　心身　　　　　　　2　内定　　　　　　　3　根底　　　　　　　4　内緒

8　結婚（　　　）の被害者の多くは、自分は被害にあわない自信があったと言っている。

　　1　詐偽　　　　　　　2　詐欺　　　　　　　3　索疑　　　　　　　4　裁疑

9　今回の津波の被害はかつて直面した自然災害の中でも最も（　　　）ものだった。

　　1　悲惨な　　　　　　2　冷淡な　　　　　　3　痛快な　　　　　　4　盛大な

10　この通りにはおしゃれな日用（　　　）を売る店が軒をつらねているので、ついよけいなも
　　のまで買ってしまう。

　　1　品物　　　　　　　2　消費　　　　　　　3　雑貨　　　　　　　4　商品

11　このコンサートの（　　　）の一部は、環境保護運動に使われます。

　　1　収支　　　　　　　2　還元　　　　　　　3　寄与　　　　　　　4　収益

12　自然な仕上がりの写真を撮りたいなら、（　　　）の使用は控えたほうがいい。

　　1　フラッシュ　　　　2　モニター　　　　　3　バッテリー　　　　4　システム

13　本大学は優秀な人材を集め、しかるべき予算と研究費を与えて大学の発展を（　　　）いる。

　　1　励まして　　　　　2　費やして　　　　　3　果たして　　　　　4　図って

問題3 _____の言葉に意味が最も近いものを、1・2・3・4から一つ選びなさい。

14 読者と広告が著しく減って、経営が厳しくなっている新聞社が増えている。
　　1　目をおおって　　2　目に見えて　　　3　目を通して　　　4　目をみはって

15 科学の進歩をはばむこの研究室の古いしきたりを何とかしたい。
　　1　阻止する　　　　2　防衛する　　　　3　干渉する　　　　4　棄権する

16 はじめまして。おうわさはかねがねうけたまわっておりました。
　　1　いろいろ　　　　2　前から　　　　　3　何度も　　　　　4　あちこちで

17 仕事を途中で投げ出すなんて、なんと無責任なやつだ。
　　1　脱出する　　　　2　破棄する　　　　3　廃止する　　　　4　放棄する

18 健康のためにお酒を控えている。
　　1　キープして　　　2　リードして　　　3　セーブして　　　4　フォローして

19 彼女を何度か食事に誘ったんだが、断られた。どうも脈はなさそうだ。
　　1　つよみ　　　　　2　のぞみ　　　　　3　たのみ　　　　　4　このみ

問題4　次の言葉の使い方として最もよいものを、1・2・3・4から一つ選びなさい。

20 下火
　　1　大型スーパーが開店して、小さな商店街は下火になった。
　　2　多くの死者を出した新型インフルエンザの流行はようやく下火になった。
　　3　寝る前に湯沸かし器の下火は必ず消すようにしている。
　　4　山火事が発生し、あちこちで下火が上がり始めた。

21 もがく

1 入場券の半分を<u>もがく</u>アルバイトをしたが、立ちっぱなしで大変だった。

2 経営を立て直そうと<u>もがき</u>続けたかいもなく、倒産してしまった。

3 この野菜は熱湯でさっと<u>もがいて</u>食べるとおいしい。

4 夜道でハンドバッグを後ろから来た男に<u>もがかれて</u>しまった。

22 ことによると

1 <u>ことによると</u>父は余命があまりないことを知っているかもしれない。

2 掘りたてのたけのこのさしみは<u>ことによると</u>大変おいしかった。

3 希望の会社に入社できた彼は<u>ことによると</u>大喜びした。

4 彼が発言するたびに、私は<u>ことによると</u>反対したくなる。

23 スキル

1 この新製品の<u>スキル</u>は経験者が不足していることにある。

2 新しい市長は将来明るい希望が持てる<u>スキル</u>を住民に示した。

3 学生が知識だけでなく、社会で必要な<u>スキル</u>を身につけられるよう大学側は指導している。

4 今度ボーナスが出たら、<u>スキル</u>のいいカメラを買うつもりだ。

24 目をつぶる

1 泥棒が<u>目をつぶる</u>よう防犯カメラをつけた。

2 今回は<u>目をつぶる</u>ことにするが、次回からはそうはいかない。

3 <u>目をつぶって</u>いたので、だれからも認めてもらえなかった。

4 自分のことは自分でできますから、<u>目をつぶって</u>ください。

25 細やか

1 この辞書は内容が<u>細やかで</u>調べにくい。

2 彼はお金に実に<u>細やかな</u>男だ。

3 今度の週末は時間を<u>細やかに</u>使うつもりだ。

4 さすがに一流旅館だけあって、<u>細やかな</u>もてなしを受けた。

問題5　次の文の（　　　）に入れるのに最もよいものを、1・2・3・4から一つ選びなさい。

26　授業が終わるが（　　　　）、歓声をあげながら子どもたちは運動場に飛び出した。
　　1　早いか　　　　　　2　とたんに　　　　　3　いなや　　　　　4　終わらずや

27　先生はパーティーに顔を見せてくださったが、病後（　　　　）、すぐ帰られた。
　　1　とはいえ　　　　　2　とあれば　　　　　3　といえども　　　4　のこととて

28　専門の医者（　　　　）、その患者の病気がなんであるか、判断がつかなかった。
　　1　までは　　　　　　2　であれば　　　　　3　ですら　　　　　4　のみ

29　若さ（　　　　）無知とはいえ、今思い出すと、よくもあんな失礼なことができたものだ。
　　1　だからの　　　　　2　によっての　　　　3　ゆえの　　　　　4　さえの

30　こんな失敗をしてしまい、勉強不足を感じ、赤面（　　　　）です。
　　1　の至り　　　　　　2　をし得ない　　　　3　の一方　　　　　4　のしようがない

31　彼女は葬式に出た帰りなのか、帽子から靴まで黒（　　　　）のかっこうをしている。
　　1　だらけ　　　　　　2　ずくめ　　　　　　3　ばかり　　　　　4　のみ

32　上司から、気の進まない酒の誘いを受けたが、子どもの誕生日に（　　　　）断った。
　　1　かかわって　　　　2　もとづいて　　　　3　際して　　　　　4　かこつけて

33　日本にいる間に、ぜひわが家に（　　　　）。
　　1　おまいりくださいませんか　　　　　　　2　来られてくださいませんか
　　3　いらしてくださいませんか　　　　　　　4　うかがってくださいませんか

34　けがは幸い命（　　　　）、当分は入院をしなくてはならない。
　　1　にかかわるほどではなかったが　　　　　2　におよぶほどでもなかったが
　　3　に至るまでではなかったが　　　　　　　4　をとりとめるほどでもなかったが

35 無農薬のこのリンゴはほかのリンゴの10倍近い値段にもかかわらず、（　　　）。

1　飛ぶように売れている　　　　　　2　ほとんど売れないでいる

3　やっぱり売れなかった　　　　　　4　売れそうにもない

問題6　次の文の___★___に入る最もよいものを、1・2・3・4から一つ選びなさい。

36　カウンターですしを食べるときは、_____　_____　___★___　_____あまりおかずに食べてください。

1　職人が　　　　　　2　そばから　　　　　3　にぎってくれる　　4　時間を

37　日本人_____　_____　___★___　_____、心をリラックスさせるためのものだ。

1　お風呂というものは　　　　　　　2　にとっての

3　体を洗う　　　　　　　　　　　　4　のみならず

38　本校の学生が飲酒運転で事故を起こした。大学_____　_____　___★___　_____を行わざるを得ない。

1　としては　　　　　　2　にのっとり　　　　3　厳重な処罰　　　　4　学則

39　いくら医者_____　_____　___★___　_____わけではないだろう。

1　病気をしない　　　2　自分自身が　　　　3　といえども　　　　4　という

40　彼はもう40歳なのに_____　___★___　_____　_____何ひとつ決められない。

1　奥さんに　　　　　2　なしには　　　　　3　こと　　　　　　　4　相談する

問題7　次の文章を読んで　41　から　45　の中に入る最もよいものを、1・2・3・4から一つ選びなさい。

　　我々はノーベル賞作家の作品も有名な作家の作品も、母国語ならたいていは読みこなせる。それだけではない。「この作品は、女性の気持ちがうまく描けている」とか、「この人の小説は文章が下手で、ただでも読む気はしない」とか、書評家みたいなことまで言う人さえいる。

　　だが自分で文章を書いてみると、その「ただでも読む気がしない」作家よりも、ずっとずっと　41　。そのくらい読む力と書く力には、大きな差があるものなのだ。

　　「こんなまずい店、二度と　42　」と思ったラーメン屋のラーメンだって、自分で作ろうとしたらスープの作り方さえわからないのと同じだ。

　　では　43-a　を少しでも　43-b　に近づけるには、どうしたらいいだろうか。

　　本を一段落読んだら、そこに何が書いてあったか2、3行にまとめてみよう。出てきた人物はどんな人なのか。どんな出来事が起きて、その結果はどうなったのか。その本がおもしろいかおもしろくないか　44　、客観的にあらすじをまとめてみる。それを紙に書いて、客観的な視点から読んでみよう。ちゃんと内容が理解できるだろうか。

　　そうやって　45　、今までぼんやりと読んでいた本を、頭で文章を作りながら読む習慣がつき、そこから他人にもわかりやすい文章を書けるようになっていくものなのだ。

41

1 上手な文章が書けるにちがいない
2 下手ということはないだろう
3 下手な文章しか書けないはずだ
4 上手に書けるのでないだろうか

42

1 来ずにおかないだろう
2 来ないではいられないだろう
3 来るはずだろう
4 来ることはないだろう

43

1 a 読む力 ／ b 話す力
2 a 読む力 ／ b 書く力
3 a 書く力 ／ b 読む力
4 a 話す力 ／ b 読む力

44

1 はともかくとして
2 もさることながら
3 のいかんによらず
4 をよそに

45

1 書くことにより
2 書くことより
3 書いたままより
4 書いたものより

제13회

모의 테스트

정답 → 부록p.50

목표시간 50분

問題1 ＿＿＿＿の言葉の読み方として最もよいものを、1・2・3・4から一つ選びなさい。

1 国費留学生の選考基準に該当する者は必要書類を提出することになっている。

 1 かっとう 　　　　 2 だとう 　　　　 3 かくとう 　　　　 4 がいとう

2 洪水で家を失った被災者の受け入れ態勢は徐々に整ってきた。

 1 たいくつ 　　　　 2 たいせい 　　　　 3 たっせい 　　　　 4 たいぜい

3 企業の採用が相次いで減り、学生たちは危機感を募らせている。

 1 つのらせて 　　　 2 あせらせて 　　　 3 うちきらせて 　　 4 うならせて

4 価格のことはともかく、素材の変更だけはデザイナーとして譲歩するわけにはいかない。

 1 じょうほ 　　　　 2 しんぽ 　　　　 3 じょうぽ 　　　　 4 ちょうぽ

5 我が社では就業時間中に私的にネットを使う行為を制限している。

 1 しゅつぎょう 　 2 しゅうぎょう 　 3 しつぎょう 　　 4 しゅぎょう

6 病院に着くやいなや、母が旅立ったと知らされ呆然としてしまった。

 1 しゃくぜん 　　　 2 あぜん 　　　　 3 ぼうぜん 　　　 4 ほうぜん

問題2 （　　　）に入れるのに最もよいものを、1・2・3・4から一つ選びなさい。

7 入場料金を（　　　）300円引き下げたところ、遊園地の入場者数は増加した。
1 一律　　　　　2 一目　　　　　3 一向　　　　　4 一致

8 この道路建設の計画が、動植物の保護に（　　　）していないという声が上がっている。
1 考察　　　　　2 配慮　　　　　3 活用　　　　　4 安定

9 値段やブランドに関係なく、自分の（　　　）意識で物を選んでいる。
1 和　　　　　　2 無　　　　　　3 美　　　　　　4 超

10 薬物（　　　）から完全に抜け出すのは容易なことではなく、決して甘く見てはならない。
1 購入　　　　　2 依存　　　　　3 危機　　　　　4 吸飲

11 今、社会の中でできることを考え、自分の（　　　）を確立したい。
1 アイデンティティー　　　　　　2 アーカイブ
3 リアリティー　　　　　　　　　4 シチュエーション

12 新しく社長に就任した彼は、アルバイトから社長に上りつめた異色の（　　　）を持つ。
1 経路　　　　　2 職種　　　　　3 就職　　　　　4 経歴

13 火山灰が地上に降りそそぎ、人間が有害物質を吸い込む（　　　）が出てきた。
1 恐れ　　　　　2 脅え　　　　　3 勢い　　　　　4 過ち

問題3　_____の言葉に意味が最も近いものを、1・2・3・4から一つ選びなさい。

14 昔の趣が残っている町並みを住民たちは大切に保存している。

1　事情　　　　　　2　雰囲気　　　　　　3　思い出　　　　　4　具合

15 新商品開発のプロジェクトは君に任せるよ。

1　提案　　　　　　2　流通　　　　　　3　企画　　　　　　4　検討

16 私は自分の失敗を笑ってごまかしたが、足ががたがた震えてしまった。

1　取り消した　　　2　取り繕った　　　3　受け流した　　　4　受け止めた

17 娘の身勝手な行動に、母親はもううんざりしている。

1　さまになって　　2　ものになって　　3　いやになって　　4　くせになって

18 新しい会社設立のもくろみは資金不足であえなく夢と終わった。

1　計画　　　　　　2　前途　　　　　　3　対策　　　　　　4　損得

19 春から社会人になり生活が一変した。

1　しっかり築かれた　　　　　　　　　2　やっと慣れた

3　すっきり整った　　　　　　　　　　4　すっかり改まった

問題4　次の言葉の使い方として最もよいものを、1・2・3・4から一つ選びなさい。

20 手がける

1　課長は人をじょうずに手がける才能がある。

2　マンションを買う頭金をあちこち手がけて集めた。

3　長年手がけてきた研究がやっと世界に認められた。

4　この料理は砂糖の入れ方を手がけるタイミングが難しい。

21 のどか

1 ぶらっと旅に出て、のどかな春の１日を過ごした。

2 困ったことがあれば、いつでものどかに声をかけてくださいね。

3 さあ、どうぞこちらでのどかになさってくださいませ。

4 あの子はのどか気味だから、せかしたほうがいいと思う。

22 モチベーション

1 都会と地方の貧富の差が今回の暴動のモチベーションだ。

2 社員のモチベーションをいかに上げるかは、管理職の重要な職務の１つである。

3 社長はやむをえないモチベーションで、その企画をあきらめた。

4 彼女がいちばん得意とする絵はバラの花をモチベーションにしたものだ。

23 みせびらかす

1 先生の前では彼女は優等生のようにみせびらかす。

2 彼はいつもなんでも知っているとみせびらかす。

3 週末のパーティーはみせびらかした服で出席する予定だ。

4 息子は集めたアイドルのサインを友人にみせびらかした。

24 てっきり

1 あんなに勉強していたのだから、てっきり合格したものと思っていた。

2 あの夜のことは昨日のようにてっきり覚えています。

3 今度の試合はてっきり勝って決勝戦に進むつもりだ。

4 あれは私がてっきり営業に配属されたときのことだった。

25 利点

1 何の利点もないが、病気ひとつしたことがないのは自慢できる。

2 努力のかいがあって彼は今回の試験は最高利点をとった。

3 勤勉で礼儀正しいのがこの国民の利点である。

4 この計画の利点はそれぞれの社員の能力を生かせることにある。

問題5　次の文の（　　　）に入れるのに最もよいものを、1・2・3・4から一つ選びなさい。

26 もぎたての桃のおいしさと（　　　）、まさに「ほっぺたが落ちる」とはこのことだ。

1　いったら　　　　2　いうのは　　　　3　したら　　　　4　すると

27 山奥には、いまだに電気もガスも使わず、昔（　　　）生活をしている集落がある。

1　ままの　　　　2　ながらの　　　　3　らしい　　　　4　っぽい

28 彼女は欲張りな女だとは思っていたが、まさか人の財産まで奪う（　　　）！

1　とは　　　　2　のは　　　　3　ことは　　　　4　ものは

29 テレビを見る（　　　）見ていたら、ニュースに友人の名前が出てきてびっくりした。

1　ながら　　　　2　かたがた　　　　3　ともなく　　　　4　かたわら

30 小さい子どもがいると掃除をする（　　　）汚されてしまい、いくら掃除してもきりがない。

1　までもなく　　　　2　はしから　　　　3　一方から　　　　4　につれて

31 試験を受けるのは3回目（　　　）、もうあまり緊張は感じません。

1　ともなると　　　　2　ならでは　　　　3　とみえて　　　　4　であっても

32 警察の名誉にかけて、草の根分けても犯人をさがし出さずには（　　　）。

1　いない　　　　2　おかない　　　　3　たえない　　　　4　得ない

33 A「社長がお呼びですので、すぐ社長室まで（　　　）。」

　　B「はい、すぐまいります。」

1　うかがってください　　　　　　　　2　いらしてください

3　おうかがいしてください　　　　　　4　おまいりください

34 妻がまずい料理を出しても絶対（　　　）、できればあまり変な料理は出さないでほしい。

1　食べるまでもないが　　　　　　　　2　食べずにはいられないが

3　食べようにも食べられないが　　　　4　食べないということはないが

35 やっとけがが治ったと思いきや、（　　　　）。

1 すっかり元気を取り戻した　　　　2 今度は風邪をひいてしまった

3 明日から仕事を始めよう　　　　　4 少しずつよくなっていった

問題6　次の文の___★___に入る最もよいものを、1・2・3・4から一つ選びなさい。

36 作家として食べていくことの厳しさは_____　_____　___★___　_____ある。

1 ものが　　　　　2 知っていた　　　3 想像以上の　　4 とはいえ

37 A「お隣のガラスを割ってしまいました。」

　　B「うーん、_____　_____　___★___　_____だろうね。」

1 謝りに行く　　2 弁償せずには　　3 すまない　　4 だけでなく

38 子どもが減って_____　_____　___★___　_____幼稚園が少なくない。

1 追い込まれる　2 やむを得ず　　3 きたので　　4 閉園に

39 彼はマスコミの批判もライバルの_____　___★___　_____　_____新しい事業を広げていった。

1 ものとも　　　2 妨害も　　　　3 次から次へと　4 せずに

40 君は、数学の成績は_____　_____　___★___　_____ひどいものだ。

1 すばらしいのに　2 ときたら　　　3 ひきかえ　　4 英語の成績

問題7 次の文章を読んで　41　から　45　の中に入る最もよいものを、1・2・3・4から一つ選びなさい。

　長男が生後数カ月くらいのこと。泣いてばかりいて、母親が家事も何もできないので、なんとかしてほしいと頼まれた。そのとき、たまたま母親の顔写真を引き伸ばしたのがあったので、それを赤ん坊（子供）の側に置いた。そしたら、赤ん坊は　41　。母親の顔写真に向かって何か一生懸命話しかけようともしていた。

　当時、私は顔についてそれほど関心を持っていた　42　。しかし、好奇心をそそられて、母親の顔のどの部分が重要なのだろうか調べてみたくなった。

　まだ赤ん坊は、そんなに細かなところまで　43　。顔写真でなくてもいいかもしれない。そこで、顔写真をマジックインキでなぞって輪郭を描き、それに目や眉、鼻、口などを描き入れた。要するに、簡単な似顔絵をつくったのである。それを横に置いておいたところ、顔写真のときと同じように、母親がそばにいなくても泣きださなかった。

　それではということで、少しずつ顔の部品を取り除いていった。耳を抜き、口を抜き、鼻を抜き、輪郭を抜いても問題はなかった。目のかわりに黒い丸を　44-a　にしても大丈夫だった。

　ところが、黒い丸を　44-b　にしたところで、効き目がなくなってしまったのである。

　45　、目の黒い丸二つが、子どもにとってひじょうに重要なサインだったのである。生後数カ月の、まだあまり目が見えないときでも、目を示す黒い丸だけは感じ取っていたのである。

　もしかしたら、この二つの黒い丸が、親と子のコミュニケーションの一つの媒体になって、赤ん坊が育っていくときの安定感とか心の安らぎとかを与えているのかもしれない。

（原島博・馬場悠男『人の顔を変えたのは何か』河出書房新社）

41

1 泣きやんだのである　　　　　　2 泣きやまなかったのだ

3 泣かんばかりだった　　　　　　4 泣き出したのである

42

1 わけであった　　　　　　　　　2 わけにいかなかった

3 わけではなかった　　　　　　　4 わけなかった

43

1 見えるものはない　　　　　　　2 見えているはずがない

3 見ていたことはない　　　　　　4 見たに相違ない

44

1 a 二つ ／ b 一つ　　　　　2 a 一つ ／ b 二つ

3 a 二つ ／ b 二つ　　　　　4 a 一つ ／ b 一つ

45

1 しかし　　　　2 たとえば　　　3 けれども　　　　4 つまり

모의 테스트

정답 → 부록p.51

목표시간
50분

問題1 _____の言葉の読み方として最もよいものを、1・2・3・4から一つ選びなさい。

1 食事時間が不規則だと胃腸の運動の規則性が<u>損なわれて</u>健康を害してしまう。
1 そこなわれ 　　　 2 そんなわれ 　　　 3 おそなわれ 　　　 4 になわれ

2 フィギュアスケートの選手たちは劇的に変わった採点方式に<u>柔軟</u>に対応することができた。
1 じゅうこう 　　　 2 にゅうなん 　　　 3 じゅうなん 　　　 4 にゅうこう

3 美術館建設の計画案は<u>満場</u>一致で決定された。
1 まんば 　　　 2 まんじょう 　　　 3 まんしょう 　　　 4 ばんじょう

4 夜空に<u>稲光</u>が走り、あたりが一瞬明るくなった。
1 いねびかり 　　　 2 いねひかり 　　　 3 いなひかり 　　　 4 いなびかり

5 酒に酔った乗客が電車に<u>接触</u>したり、ホームから転落する事故が多発している。
1 せっしょく 　　　 2 せつしょく 　　　 3 せしょく 　　　 4 せつじょく

6 過去の事件から<u>類推</u>すると今回の事件は顔見知りによる犯行の可能性が高い。
1 るいせき 　　　 2 るいずい 　　　 3 ていすい 　　　 4 るいすい

問題2 （　　　）に入れるのに最もよいものを、1・2・3・4から一つ選びなさい。

7 部屋の模様替えをして、気分を（　　　）した。

　1　リフレッシュ　　　2　リセット　　　　　3　フレッシュ　　　4　セット

8 古いものを壊して、新しいものを作り出すのが発展だという考え方には（　　　）を感じる。

　1　強制　　　　　　　2　同意　　　　　　　3　反抗　　　　　　4　反発

9 ワンマン社長の時代（　　　）の経営方針では、グローバルな競争に勝ち残れない。

　1　逆転　　　　　　　2　錯誤　　　　　　　3　誤差　　　　　　4　欠陥

10 この画家は最（　　　）には、宗教画の製作に没頭した。

　1　年長　　　　　　　2　長命　　　　　　　3　寿命　　　　　　4　晩年

11 電気やガスの公共料金の支払いを口座（　　　）にすると便利だ。

　1　受領　　　　　　　2　振替　　　　　　　3　請求　　　　　　4　出費

12 ご意見・ご（　　　）については「お客様相談室」へご連絡ください。

　1　教授　　　　　　　2　理解　　　　　　　3　教導　　　　　　4　要望

13 国際社会はすべての核物質の管理体制を強化することで（　　　）した。

　1　決断　　　　　　　2　結論　　　　　　　3　合意　　　　　　4　意向

問題3 ＿＿＿＿の言葉に意味が最も近いものを、1・2・3・4から一つ選びなさい。

14 息子は精神的に<u>もろい</u>ところがあったが、社会に出てから見違えるほどたくましくなった。
1 無能な　　　　　2 軟弱な　　　　　3 無邪気な　　　　4 陰気な

15 校長の無責任な行動は教育者に<u>値しない</u>と非難された。
1 不成立だ　　　　2 不安定だ　　　　3 不可解だ　　　　4 不相応だ

16 国は優秀な研究者や学生が研究に<u>打ち込める</u>よう十分な資金を与えることにした。
1 集中できる　　　2 実行できる　　　3 推移できる　　　4 調整できる

17 <u>かりに</u>景気の動向をしばらく見守ったとしても、業務の縮小は避けられないだろう。
1 たとえ　　　　　2 どうせ　　　　　3 きっと　　　　　4 たぶん

18 彼は自分をふった彼女をみんなの前で<u>ののしった</u>。
1 追求した　　　　2 強奪した　　　　3 非難した　　　　4 脅迫した

19 <u>建て前</u>では「性格がいちばん大事」と言っていても、男はやっぱり美人にひかれる。
1 裏　　　　　　　2 本心　　　　　　3 表向き　　　　　4 腹

問題4 次の言葉の使い方として最もよいものを、1・2・3・4から一つ選びなさい。

20 なめらか
1 彼女に<u>なめらか</u>な目つきをされてドキッとした。
2 彼はお酒が入るとますます口が<u>なめらか</u>に回る。
3 この曲を1人静かに聴いていると、とても<u>なめらか</u>な気分になる。
4 景色を楽しみながら<u>なめらか</u>な坂道をゆっくりとのぼった。

21 ダメージ

1 彼は酔っぱらって、ドアをけとばしダメージしてしまった。

2 その言葉は死を連想させてダメージが悪い。

3 上陸した大型台風は農作物に大きなダメージを与えた。

4 つい口がすべって、ダメージをもらってしまった。

22 根回し

1 この書類はコピーして出席者全員に根回ししてください。

2 役所の窓口を根回しされて、怒りが込み上げてきた。

3 天候が不順のせいか、今年は芝生の根回しがよくない。

4 この件がすんなり承認されるように、関係者に根回ししておいた。

23 ことごとく

1 この勉強会にはどなたでも参加できますので、ことごとくお待ちしております。

2 あの歌手の新曲はこのところことごとくヒットしている。

3 薬を飲んでたっぷり寝たら、風邪はことごとく治ってしまった。

4 イベントホールの入場を待つ人々の列がことごとく続いている。

24 遠ざかる

1 出産後しばらく仕事から遠ざかっていたが、このたび復帰することにした。

2 卒業を機に悪い仲間を遠ざかると決める。

3 定年で会社に遠ざかるので田舎に帰ってのんびり暮らそうと思う。

4 大事な話があるので、ちょっと人を遠ざかるようにしてください。

25 見計らう

1 全国から見計らった選手でチームを結成した。

2 これがいくつのプランの中から見計らったものです。

3 もう一度タイミングを見計らって、親に借金を頼んでみよう。

4 このジャケットはセンスのいい彼女に見計らってもらった。

問題5　次の文の（　　　　）に入れるのに最もよいものを、1・2・3・4から一つ選びなさい。

26　3歳から天才教育を受けている（　　　　）、あの少年のテクニックは大人顔負けだ。

1　だけに　　　　　　2　にしては　　　　　3　わけで　　　　　4　だけで

27　この国家存亡^{そんぼう}の危機（　　　　）、大統領は国民に向けて緊急に演説した。

1　に応じて　　　　　2　に際して　　　　　3　に関して　　　　　4　に先だって

28　今さら失敗を嘆いた（　　　）過去は変えられないんだから、これから先のことを考えろ。

1　ところで　　　　　2　ことで　　　　　3　としたら　　　　　4　とはいえ

29　薬害被害者たちは涙（　　　　）、健康不安と生活の苦しさを大臣に訴^{うった}えた。

1　まみれで　　　　　2　づくしで　　　　　3　ながらに　　　　　4　だらけで

30　男は訪問客に向かって、さっさと帰れと（　　　　）ドアを指差した。

1　ごときに　　　　　2　ばかりに　　　　　3　いえども　　　　　4　みたいに

31　えーと、2000年当時の総理大臣って誰だ（　　　　）？

1　かしら　　　　　　2　なの　　　　　　　3　ったら　　　　　4　っけ

32　（社長）「君の課の山本君に、ここに来るように言ってくれないか。」

　　　（課長）「はい、社長。確かに（　　　　）。」

1　お伝え致します　　　　　　　　　　2　お伝え申し上げます

3　申し伝えます　　　　　　　　　　　4　申して差し上げます

33　外国で暮らすとき、言葉を学ぶ（　　　　）大切なのは、その国の習慣を知ることだ。

1　ことによっても　　　　　　　　　　2　ことにもまして

3　ほかとは反して　　　　　　　　　　4　ほかに対して

34 お墓とは（　　　）減るものではないから、住宅不足以上に墓地の不足が深刻な問題になりつつある。

1　増えるにしたがって　　　　　　　2　増えこそすれ

3　増えるどころか　　　　　　　　　4　増えないとはいえ

35 ずっと我慢してきたが、事ここに至ってはもう（　　　）。

1　黙ってはいられない　　　　　　　2　黙らずにはいられない

3　黙るかいがない　　　　　　　　　4　黙るおぼえはない

問題6　次の文の＿＿★＿＿に入る最もよいものを、1・2・3・4から一つ選びなさい。

36 北海道に出張＿＿＿＿＿　＿＿＿＿＿　＿＿★＿＿　＿＿＿＿＿雪景色や流氷を見にいくつもりだ。

1　かたがた　　　　　2　ならではの　　　　3　足をのばして　　　4　北国

37 毎月第三土曜日は休診＿＿＿＿＿　＿＿＿＿＿　＿＿★＿＿　＿＿＿＿＿のでお電話ください。

1　急患においては　　　　　　　　　2　ではありません

3　この限り　　　　　　　　　　　　4　ですが

38 たとえお客がどんなに身勝手＿＿＿＿＿　＿＿＿＿＿　＿＿★＿＿　＿＿＿＿＿のが、つらいところです。

1　としては　　　　　2　であれ　　　　　3　物を売る側　　　　4　あまり文句も言えない

39 A「君を部長に昇進させようと思うんだが。」

　　B「私＿＿＿＿＿　＿＿★＿＿　＿＿＿＿＿　＿＿＿＿＿でございます。」

1　光栄の　　　　　　2　ごとき　　　　　3　至り　　　　　　4　ふつつか者に

40 A「田中が、みどりさんと結婚したそうだ。」

　　B「へえっ、彼があんな美人と結婚＿＿＿＿＿　＿＿＿＿＿　＿＿★＿＿　＿＿＿＿＿しなかったよ。」

1　だに　　　　　　　2　想像　　　　　　3　まったく　　　　　4　するなんて

117

問題7　次の文章を読んで　41　から　45　の中に入る最もよいものを、1・2・3・4から一つ選びなさい。

銀座といえば東京、いや日本で一番華やかな繁華街である。高級ブランドショップが並び、世界中からの観光客がそぞろ歩いている。そこでミツバチが飼われ、ハチミツを集めていると聞いたら不思議に思われるだろうか。

銀座を愛する人々がハチを飼うことで銀座の生態系を感じようと、「銀座ミツバチプロジェクト」を立ち上げ、2006年3月から、ビルの屋上でミツバチを飼い始めた。

　41　銀座の街でハチミツが採れるのか、蜂が人を刺さないだろうか、どのくらいのハチミツが採れるのか、最初は心配が尽きなかったが、採れたハチミツでこの街と連携する、歴史と伝統のある銀座　42　の企画をいろいろ立てることができる。そう思って有志を募り、計画をスタートさせたそうだ。

ミツバチがハチミツを運べるのは4km四方で、その中には皇居、浜離宮、銀座の街路樹など意外と豊かな自然が残されている。3カ月で予想の3倍の150kgのハチミツが採れ、翌年にはミツバチも15万匹を超え、260kgものハチミツが採れた。

採れたハチミツは、カクテルやケーキや和菓子などに使われている。使ってもらう条件は一つだけ、銀座のハチミツは銀座でしか　43　ことを基本にすることだ。

ハチたちが花粉を集めると樹木が受粉し、サクラの木などが実をつけるようになった。するとそれを食べるために小鳥がやってくるようになる。命と命がつながり、回転する世界が見えてきた。「サクラは、人間が花見をするために花を　44　」と気づいた人もいる。

さらに、このプロジェクトを通じて、世代や職業の異なる人々がつながっていった。「まさにミツバチが　45-a　と　45-b　の間も受粉してくれた」と喜びの声が上がっている。

（参考＝「銀座ミツバチプロジェクト」http://www.gin-pachi.jp/）

41

1 もしかして　　　2 ところで　　　3 はたして　　　4 万が一

42

1 をかねて　　　2 に足る　　　3 はさておき　　　4 ならでは

43

1 食べられない　　　　　　　2 食べることができる
3 食べてはいない　　　　　　4 食べかねない

44

1 咲くのだ　　　　　　　　　2 咲かせるのではない
3 咲いていたのだ　　　　　　4 咲くはめになるのだ

45

1 a 人 ／ b 人　　　　　　2 a 人 ／ b 小鳥
3 a 人 ／ b 自然　　　　　4 a 人 ／ b ミツバチ

모의 테스트

정답 → 부록p.52

목표시간 **50**분

問題1 ＿＿＿＿の言葉の読み方として最もよいものを、1・2・3・4から一つ選びなさい。

1 水着のデザインを学生から募集したところ、プロのものと<u>勝る</u>とも劣らない作品がたくさん
　 集まった。
　　1　いたる　　　　　2　まさる　　　　　3　かつる　　　　　4　しょうる

2 この町の住民は災害時に<u>迅速</u>な対応が取れるように、定期的に避難訓練をしている。
　　1　こうそく　　　　2　ていそく　　　　3　じんそく　　　　4　かっそく

3 宗教の社会に対する役割は時代と共に大きく<u>変遷</u>してきた。
　　1　へんせん　　　　2　へんかん　　　　3　へんよう　　　　4　へんか

4 彼は難問題を次々と<u>手際</u>よく片付けていった。
　　1　しゅさい　　　　2　てわけ　　　　　3　てぎわ　　　　　4　しゅざい

5 その政治家の<u>革新</u>的な政策は無党派の有権者の心をつかんだ。
　　1　かいしん　　　　2　かくしん　　　　3　かいじん　　　　4　がくしん

6 若い2人は結婚式のすべてを取り決めてから、それぞれの親には事後<u>承諾</u>を求めた。
　　1　しょうにん　　　2　じょうだく　　　3　しょだく　　　　4　しょうだく

問題2 （　　　）に入れるのに最もよいものを、1・2・3・4から一つ選びなさい。

7　悪質な税金の（　　　）者に対して、国税庁は厳しい姿勢を取ると発表した。

1　停滞　　　　　　2　逃亡　　　　　　3　滞納　　　　　　4　容疑

8　親子げんかの種はいつの時代も（　　　）ことがない。

1　尽きる　　　　　2　鈍る　　　　　　3　止む　　　　　　4　限る

9　日本の製造業のレベルは高く、（　　　）取得件数は世界のトップレベルにある。

1　免許　　　　　　2　特許　　　　　　3　興業　　　　　　4　交付

10　文章に書くなりだれかに話すなり、言葉にすると自分を（　　　）的に見る余裕が出てくる。

1　立体　　　　　　2　科学　　　　　　3　世間　　　　　　4　客観

11　この（　　　）な色のジャケットは、センスのいい彼女に選んでもらった。

1　ラフ　　　　　　2　タイト　　　　　3　プライベート　　4　シック

12　つい（　　　）服ばかり選んでしまうが、たまには冒険してもいいかなと思うことがある。

1　単調な　　　　　2　無難な　　　　　3　普遍な　　　　　4　貧弱な

13　ランニングをするときは筋肉や関節の負担を（　　　）するタイツをはくことにしている。

1　倹約　　　　　　2　減量　　　　　　3　軽減　　　　　　4　縮小

問題3 _____ の言葉に意味が最も近いものを、1・2・3・4から一つ選びなさい。

14 あの子はむらのある性格なので接し方が難しい。
1 すぐ怒る　　　　　　　　　　　2 傷つきやすい
3 気が変わりやすい　　　　　　　4 自分勝手な

15 当社は国民の健康増進に寄与する活動に努めています。
1 手を貸す　　　　2 念を入れる　　　　3 引き渡す　　　　4 役に立つ

16 巧妙な手口を使って脱税をする人が後をたたない。
1 ずるがしこい　　2 おびただしい　　3 ややこしい　　4 そうぞうしい

17 社長はもはや営業不振の責任を取り、退任せざるを得なかった。
1 今のうちに　　　2 今すぐに　　　　3 今となっては　　4 今までは

18 娘は無料コンサートの抽選に当たって大喜びしている。
1 おみくじ　　　　2 くじびき　　　　3 すいせん　　　　4 わりあて

19 このアニメが人気なのは登場人物の設定がいいからだ。
1 シナリオ　　　　2 キャラクター　　3 バージョン　　　4 ラフ

問題4 次の言葉の使い方として最もよいものを、1・2・3・4から一つ選びなさい。

20 つじつま
1 今回は珍しくクラス全員の気持ちのつじつまが一致した。
2 彼女とは食べ物のつじつまが合わない。
3 父の仕事は長男が継ぐのがいちばんのつじつまだ。
4 今回の彼の発言は前に言ったこととつじつまが合わない。

21 踏み込む

1 努力が実り、今年度の売り上げ目標に踏み込めた。

2 いくら仲がいいからといって、そこまで踏み込むのはどうかと思う。

3 議論を何回もして、やっと倒産の危機に踏み込めた。

4 アルミ缶を踏み込んでつぶしてから、リサイクルの箱に入れた。

22 なにげなく

1 本を読んでいるうちになにげなく眠り込んで、一駅乗り過ごしてしまった。

2 あの生徒はなにげなく見えるが才能がとても豊かな子だ。

3 なにげなくいった一言が、相手の心を傷つけてしまった。

4 父は年を取って人当たりがなにげなくなった。

23 ろくに

1 人手不足でろくに休みも取れない状況が続いている。

2 彼女は気が強いので、嫌ならろくに拒否するだろう。

3 救急車が到着したときには、ろくに死にかけていた。

4 節約に飽きてきたので、ろくに無駄遣いをした。

24 クレーム

1 どう見ても客にクレームがあるのに、私が謝罪しなければならないのか。

2 パソコンのクレームをさらに向上させるために、仕事の後、学校に通っている。

3 友人とささいなことでクレームになってしまい、もう半年以上口をきいていない。

4 このスーパーでは客からのクレームにすぐ対応できるように工夫している。

25 兆し

1 長い不況のトンネルを抜けて、景気回復の兆しが見えてきた。

2 何が兆しとなったのか、夫は突然姿を消してしまった。

3 講演会で会ったのを兆しにおつき合いが始まった。

4 父の病気を兆しに、田舎に帰る決心がついた。

問題5 次の文の（　　　）に入れるのに最もよいものを、1・2・3・4から一つ選びなさい。

26 私ももう 20 歳なのに、母は勉強しろだのちゃんと食べろだの、うるさいったら（　　　）。
　1　たまらない　　　　2　限りない　　　　3　ありゃしない　　　4　しょうがない

27 品行方正でまじめな長男に（　　　）、次男はやりたい放題だ。同じ親の子でこうも違うのか。
　1　ついても　　　　2　およばず　　　　3　まして　　　　4　ひきかえ

28 真実だと信じるに（　　　）証拠もないのに、無責任なうわさを流すものではない。
　1　もとづく　　　　2　足る　　　　3　よる　　　　4　あたらない

29 たった1人の子ども（　　　）、できるだけいい教育を受けさせたいと思う親が多い。
　1　でさえ　　　　2　だからこそ　　　　3　とはいえ　　　　4　こととて

30 会費は高いし、講師は無名の人の講演会なんて、最悪の場合1人も来ない（　　　）。」
　1　こともあり得ますよ　　　　　　　2　こともありかねますよ
　3　こともあり得ませんよ　　　　　　4　ことかもしれませんよ

31 最初にスピードを出しすぎて途中で力尽きるのは、マラソン初心者が陥り（　　　）な過ちだ。
　1　がち　　　　2　げ　　　　3　やすい　　　　4　気味

32 店員にはいばりちらすし、商品を乱暴に扱うし、不愉快（　　　）客だ。
　1　終わりない　　　　2　およばない　　　　3　極まりない　　　4　かなわない

33 男の私が女性に向かって「ブラウスが破れてますよ」なんて（　　　）、結局だまったまま
だった。
　1　言えないはずもなく　　　　　　　2　言えないわけはなく
　3　言えるはずもなく　　　　　　　　4　言わずにいられなく

34 政府が対応を間違えたために、被害が拡大した。これは人災以外の（　　　）。
　1　何でもない　　　　　　　　　　　2　何ものでもない
　3　何ごとでもない　　　　　　　　　4　何も言えない

35 A「ご自宅にはどうやって行けばいいのでしょう。」

B「道が複雑で（　　　　）と思いますので、お迎えに上がります。」

1　わかりにくくいらっしゃる　　　　　　2　おわかりにくい

3　おわかりにされない　　　　　　　　　4　おわかりになりにくい

問題6　次の文の＿＿＿★＿＿＿に入る最もよいものを、1・2・3・4から一つ選びなさい。

36　その小さな居酒屋は、夕暮れ時＿＿＿＿＿＿＿　＿＿＿＿＿＿＿　＿＿＿★＿＿　＿＿＿＿＿＿＿つねに満

席だった。

1　なれば　　　　　　　　　　　　　　2　どこからともなく

3　人が集まってきて　　　　　　　　　4　とも

37　あの目立たなかった男がこんな有名に＿＿＿＿＿＿＿　＿＿＿＿＿＿＿　＿＿＿★＿＿　＿＿＿＿＿＿＿と

はこのことだ。

1　驚きを　　　　　　2　なるとは　　　　　3　まさに　　　　　4　禁じ得ない

38　A「最近、よく夜中に畑から作物が盗まれるそうだ。」

B「農家が一年間、汗と泥＿＿＿＿＿＿＿　＿＿＿＿＿＿＿　＿＿＿★＿＿　＿＿＿＿＿＿＿行為だね。」

1　育てた作物を　　　2　許すべからざる　　　3　盗むなんて　　　4　まみれになって

39　たとえ失敗しても、＿＿＿＿＿＿＿　＿＿＿＿＿＿＿　＿＿＿★＿＿　＿＿＿＿＿＿＿こともあるんですよ。

1　経験すれば　　　　　　　　　　　　2　実際に

3　本当に理解できる　　　　　　　　　4　こそ

40　A「おいそがしい＿＿＿＿＿＿＿　＿＿＿＿＿＿＿　＿＿＿★＿＿　＿＿＿＿＿＿＿先生以上に詳しい人が

いないので、執筆をお願いできますか。」

B「なに、かまいませんよ。それが私の仕事です。」

1　この問題に　　　　2　ところを　　　　　3　恐縮ですが　　　4　かけては

問題7　次の文章を読んで　　41　　から　　45　　の中に入る最もよいものを、1・2・3・4から一つ選びなさい。

　ジャンボジェット機が墜落、乗客乗員とも全員死亡——。こんな事故がもし起こったら、新聞社の編集局内などは混乱の　　41　　に陥るに違いない。では、ジャンボ機が毎週1機ずつ墜落したら？

　数字　　42　　話だが、それが国内で現実に起きている。自殺のことだ。

　国内の年間自殺者数が3万人を超えたのは1998年から。ジャンボ機の定員を仮に580人程度とすれば、昨年までに毎週1機ずつ計624機が墜落した計算。

　（中略）

　経済的理由、健康上の不安、職場環境……。自殺の原因はさまざまだろうが、その前兆として起きやすいのが、うつ病だ。うつ病の治療・研究に携わる日本精神神経学会など4学会が、発症予防対策や研究推進などを国などに求める共同宣言を出した。「うつ病は国民病」としており、　　43　　。

　首都圏で電車通勤していると、毎日のようにどこかしらで電車が止まる。「人身事故のため」と報告されるが、その多くは飛び込み自殺だとされる。

　自殺者の約4割を占めるのは40〜60代男性。電車が遅れるのは困るが、この集団の中にいる者　　44　　人ごとではなく、責める気持ちにはならない。むしろ、支援や治療を必要とする人に確実に手を差し伸べられる仕組み作りを　　45　　。電車が止まらない社会の構築だ。

（「読売新聞」2010年7月1日付）

    1　極み　　　　　　　　2　至り　　　　　　　　3　最後　　　　　　　　4　あげく

    1　上の　　　　　　　　2　以上の　　　　　　　　3　外の　　　　　　　　4　以外の

    1　危機感は小さい　　　　　　　　　　2　危機感はないようだ
    3　危機感さえあった　　　　　　　　　4　危機感は大きい

    1　といっては　　　　2　としては　　　　3　とみては　　　　4　となって

    1　急いでもしかたない　　　　　　　　2　急ぐのではないか
    3　急がなければならない　　　　　　　4　急いではいけない

저자 소개

日本語能力試験問題研究会

香取文子(かとり ふみこ)

比田井牧子(ひだい まきこ)

国書刊行会編集部

新일본어능력시험 **직전대책 15회분 실전모의고사**

N1 언어지식 (문자·어휘, 문법)

초판 발행	2010년 11월 25일
1판 10쇄	2024년 2월 29일
저자	일본어능력시험문제연구회
책임 편집	조은형, 김성은, 오은정, 무라야마 토시오
펴낸이	엄태상
편집 협력	武出多惠子
콘텐츠 제작	김선웅, 장형진
마케팅	이승욱, 왕성석, 노원준, 조성민, 이선민
경영기획	조성근, 최성훈, 김다미, 최수진, 오희연
물류	정종진, 윤덕현, 신승진, 구윤주
펴낸곳	시사일본어사(시사북스)
주소	서울시 종로구 자하문로 300 시사빌딩
주문 및 교재 문의	1588-1582
팩스	0502-989-9592
홈페이지	www.sisabooks.com
이메일	book_japanese@sisadream.com
등록일자	1977년 12월 24일
등록번호	제300 - 1977 - 31호

ISBN 978-89-402-7221-3 13730

日本語組版　株式会社シーフォース

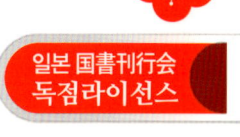

일본 国書刊行会
독점라이선스

N1

일본어능력시험 문제연구회 저

직전대책

15회분
실전모의고사

부록 및
정답해설

언어지식

문자·어휘 / 문법

시사일본어사

新 JLPT
일본어능력시험

N1 직전대책

15회분 실전모의고사

부록 및
정답해설

언어지식 문자·어휘 / 문법

시사일본어사

목 차

중요어휘 및 연습문제

모의테스트 및 부록 해설 · 정답

부록
중요어휘 및 연습문제

동사 (1)

어휘 뜻 · 정답 → 부록 p.53~54

問題 1 :（　　　）に読みを入れなさい。

欺く	（	）く	廃れる	（	）れる
操る	（	）る	済ます	（	）ます
誤る	（	）る	背く	（	）く
改まる	（	）まる	絶える	（	）える
営む	（	）む	耐える	（	）える
挑む	（	）む	携わる	（	）わる
潤う	（	）う	賜る	（	）る
老いる	（	）いる	尽くす	（	）くす
侵す	（	）す	繕う	（	）う
犯す	（	）す	慎む	（	）む
惜しむ	（	）しむ	摘む	（	）む
襲う	（	）う	貫く	（	）く
衰える	（	）える	説く	（	）く
帯びる	（	）びる	研ぐ	（	）ぐ
顧みる	（	）みる	遂げる	（	）げる
欠く	（	）く	滞る	（	）る
傾ける	（	）ける	唱える	（	）える
絡む	（	）む	伴う	（	）う
交わす	（	）わす	嘆く	（	）く
築く	（	）く	抜かす	（	）かす
鍛える	（	）える	妬む	（	）む
志す	（	）す	練る	（	）る
懲りる	（	）りる	臨む	（	）む
授ける	（	）ける	励ます	（	）ます
強いる	（	）いる	励む	（	）む
慕う	（	）う	恥じらう	（	）じらう

外す	（　　　　　　　　）す	紛れる	（　　　　　　　　）れる
果たす	（　　　　　　　　）たす	免れる	（　　　　　　　　）れる
率いる	（　　　　　　　　）いる	満たす	（　　　　　　　　）たす
膨れる	（　　　　　　　　）れる	導く	（　　　　　　　　）く
誇る	（　　　　　　　　）る	巡る	（　　　　　　　　）る
施す	（　　　　　　　　）す	催す	（　　　　　　　　）す
負かす	（　　　　　　　　）かす	養う	（　　　　　　　　）う

問題２：□□□□□の中から、（　　　　）に入る適切な動詞を選びなさい。

　　　※て形になる場合があります。（例）省く→省いて

1

研ぐ	貫く	築く	惜しむ	導く
欠く	欺く	背く	説く	嘆く

1　敵を（　　　　　　　　）ための作戦を立てる。

2　出費を（　　　　　　　　）かえって損をする。

3　最近彼は注意力を（　　　　　　　　）いる。

4　戦いに備えて城を（　　　　　　　　）。

5　理不尽な命令に（　　　　　　　　）。

6　初心を（　　　　　　　　）覚悟をする。

7　仏教の教えを（　　　　　　　　）。

8　魚をさばく前に包丁を（　　　　　　　　）。

9　不運を（　　　　　　　　）より努力する。

10　来客をロビーへ（　　　　　　　　）。

2

養う	恥じらう	伴う	潤う	襲う	慕う	繕う

1 ボーナスが出て家計が（　　　　　）。

2 寒波が町を（　　　　　）。

3 先輩を（　　　　　）指導を請う。

4 あわてて体裁を（　　　　　）。

5 危険が（　　　　　）仕事をする。

6 「花も（　　　　　）乙女」とは彼女のような人のことだ。

7 子どもを（　　　　　）ためにパートに出る。

3

励ます	絡む	慎む	妬む	摘む	挑む

1 お金が（　　　　　）問題がさらに複雑になる。

2 難問に（　　　　　）のは楽しい。

3 言動を（　　　　　）よう警告する。

4 悪の芽は早めに（　　　　　）ことが大切だ。

5 人の幸福を（　　　　　）人は多い。

6 入院中の友だちを（　　　　　）。

4

外す	抜かす	志す	尽くす	満たす

1 とりあえず残り物で腹を（　　　　　）。

2 画家を（　　　　　）パリへ行く。

3 ジャケットのボタンを（　　　　　）。

4 最善を（　　　　　）結果を待つ。

5 驚きのあまり腰を（　　　　　）。

5

犯す	侵す	営む	交わす
負かす	励む	臨む	果たす

1 心を落ち着かせて試合に（　　　　　）。

2 合格を目指して勉学に（　　　　　）。

3 商店街で小さな八百屋を（　　　　　）。

4 スピード違反の罪を（　　　　　）。

5 領土を（　　　　　）戦争になる。

6 なごやかに言葉を（　　　　　）。

7 大役を無事に（　　　　　）。

8 ライバルをやっとのことで（　　　　　）。

6

操る	帯びる	誤る	顧みる	施す
傾ける	改まる	衰える	催す	

1 外国語を自在に（　　　　　）。

2 判断を（　　　　　）損をする。

3 食事を改善して体質が（　　　　　）。

4 病気をして体力が（　　　　　）。

5 大きな任務を（　　　　　）。

6 少年時代を（　　　　　）。

7 相手の言い分に耳を（　　　　　）。

8 けが人に応急処置を（　　　　　）。

9 クラス会を10年振りに（　　　　　）。

7

授ける	強いる	廃れる	耐える
老いる	鍛える	懲りる	

1 人間は（　　　　　）ことを避けられない。

2 ジムに通って足腰を（　　　　　）。

3 失敗に（　　　　　）消極的になる。

4 成績優秀者に賞状を（　　　　　）。

5 飲めない人に酒を（　　　　　）。

6 昔ながらの良き習慣が（　　　　　）。

7 治療の痛みに（　　　　　）。

8

唱える	滞る	遂げる	賜る
携わる	練る	絶える	

1 音信が（　　　　　）ひさしい。

2 教育に長年（　　　　　）。

3 貴重なご意見を（　　　　　）。

4 家賃の支払いが3ヶ月（　　　　　）。

5 お坊さんにお経を（　　　　　）もらう。

6 望みを（　　　　　）までがんばる。

7 計画を十分に（　　　　　）。

9

紛れる	免れる	膨れる
巡る	率いる	誇る

1 部下を（　　　　）海外出張する。

2 もちが焼けて（　　　　）。

3 忙しさに（　　　）約束を忘れる。

4 間一髪で災難を（　　　　）。

5 各地を（　　　　）民話を集める。

6 この行事は500年の伝統を（　　　　）。

동사 (2)

정답 → 부록 p.54~55

あつらえる 맞추다, 주문하다	ごまかす 속이다, 얼버무리다	ばらまく 흩뿌리다, 마구 나눠주다
いじる 만지작거리다, 주무르다	さえずる 지저귀다, 재잘거리다	へりくだる 자기를 낮추다
いたわる 돌보다, 노고를 위로하다	さぼる 게으름피우다, 빼먹다	ぼける 흐려지다, 망령들다
おだてる 치켜세우다, 선동하다	さらう 유괴하다, 날치기하다	ぼやける 흐릿해지다, 멍해지다
かさむ 부피가 커지다, 많아지다	すすぐ 물로 씻다, 헹구다	みなす 간주하다, 가정하다
かさばる 부피가 커지다, 늘다	そびえる 높이 솟다, 치솟다	むしる 쥐어 뜯다, 잡아 뽑다
かぶれる 물들다, 염증이 일다	つぶる 눈을 감다, 못 본 체 하다	もたらす 가져오다, 초래하다
きしむ 삐걱거리다	とろける 녹다, 황홀해지다	もてなす 대우하다, 환대하다
くぐる 빠져나가다, 덜컥거리다	ねだる 조르다, 보채다	もてる 인기가 있다
こだわる 구애되다, 정체되다	ばてる 지치다, 녹초가 되다	もめる 옥신각신하다

問題 : [　　　]の中から（　　　）に入る適切な動詞を選びなさい。

※て形になる場合があります。（例）うなずく→うなずいて

1

こじれる	くぐる	こだわる	かぶれる	きしむ
いたわる	かさむ	おだてる	いじる	

1　不安になると髪の毛を（　　　　）癖がある。

2　老人を（　　　　）若者の姿にほっとする。

3　弟を（　　　　）買い物に行かせる。

4　費用が予定より（　　　　）赤字になる。

5　化粧品で肌が（　　　　）。

6　古くなった戸が（　　　　）。

7　門を（　　　　）と庭園が広がる。

8　友人との仲が（　　　　）。

9　シェフはとてもスープの味に（　　　　）。

2

そびえる	ぼける	あつらえる	さぼる	さらう
ごまかす	さえずる	ねだる	とろける	へりくだる

1 おつりを（　　　　）悪い店員がいる。

2 小鳥が（　　　　）声で目が覚める。

3 授業を（　　　　）映画を見る。

4 学校帰りの小学生が（　　　　）。

5 窓のすぐ外に山が（　　　　）。

6 焦点が（　　　　）。

7 スーツを高級店で（　　　　）。

8 目上の人を前に（　　　　）。

9 チーズが（　　　　）まで加熱する。

10 小遣いを母に（　　　　）。

3

かさばる	ばてる	もてる	ばらまく	もてなす
もめる	みなす	むしる	ぼやける	すすぐ

1 夏の暑さに体が（　　　　）。

2 悪いうわさを（　　　　）。

3 眼鏡がないと字が（　　　　）しまう。

4 洗濯物をしっかり（　　　　）。

5 黙っている場合は賛成と（　　　　）。

6 雑草を（　　　　）整地する。

7 思ったより荷物が（　　　　）。

8 客を（　　　　）ためのマナーを指導する。

9 彼女は年下の男性にとても（　　　　）。

10 借金問題で友人と（　　　　）。

복합동사

정답 → 부록 p.55

受け継ぐ 계승하다, 이어받다

受け止める 받아들이다

受け流す 받아 넘기다

受け持つ 담당하다, 담임하다

打ち明ける 털어놓다

追い込む 몰아 넣다, 곤경에 빠뜨리다

追い出す 몰아내다, 내쫓다

押し込む 억지로 밀어넣다

押し寄せる 밀어닥치다

落ち込む 침울해지다

傷付く 다치다, 금가다, 상처입다

切り替える 바꾸다, 환전하다

口ずさむ 읊조리다, 흥얼거리다

組み合わせる 짝을 짓다, 편성하다

心がける 마음을 쓰다, 유의하다

差し出す 내밀다, 제출하다

差しつかえる 지장이 있다, 방해되다

仕上げる 완성하다, 마무리하다

立ち去る 떠나가다, 물러나다

立ち寄る 다가서다, 들르다

立て替える 대금을 대신 치르다

たどり着く 겨우 도달하다

手掛ける 손수하다, 돌보다

問い合わせる 조회하다, 문의하다

取り組む 맞붙다, 몰두하다

取り立てる (강제로) 거두다

取り次ぐ 전하다, 건내주다

取り付ける 설치하다, 성립시키다

取り除く 치우다, 제거하다

取り戻す 되찾다, 회복하다

成り立つ 성립되다, 구성되다

逃げ出す 도망치다, 도망치기 시작하다

引き上げる 끌어올리다, 인상하다

引き起こす 일으키다, 야기하다

引き下げる 낮추다, 취하하다

引きずる 질질끌다, 억지로 끌고 가다

引き取る 숨을 거두다, 물러나다

振り返る 뒤돌아보다, 회고하다

見送る 보류하다, 배웅하다

見落とす 간과하다, 빠뜨리고 보다

見かける 언뜻보다, 눈에 띄다

見直す 다시보다, 재인식하다, 호전되다

見習う 보고 익히다, 본받다

見慣れる 늘 보아오다, 낯익다

見渡す 멀리 바라보다, 조망하다

申し出る 자청하다, 신고하다

盛り上がる 부풀어오르다, 고조되다

読み上げる 낭독하다, 독파하다

割り込む 끼어들다, 억지로 들어가다

問題：☐の中から（　　　）に入る適切な動詞を選びなさい。

1

受け継ぐ	切り替える	落ち込む	読み上げる	取り付ける
手がける	さしつかえる	立ち寄る	立て替える	

1 家業を父から（　　　）。

2 嫌なことがあって気分が（　　　）。

3 舞台の演出を（　　　）。

4 古い考えを捨て、頭の中を（　　　）。

5 大きな声でテキストを（　　　）。

6 部屋にクーラーを（　　　）。

7 飲みすぎると明日の仕事に（　　　）よ。

8 友人の年会費を（　　　）。

9 仕事帰りに本屋に（　　　）。

2

取り次ぐ	引き下げる	取り戻す	見直す	追い込む
割り込む	受け流す	受け持つ	仕上げる	見かける

1 鋭い質問をうまく（　　　）。

2 部下に伝言を（　　　）。

3 2人の話に（　　　）。

4 価格を大幅に（　　　）。

5 町おこしが成功し、活気を（　　　）。

6 効率を上げるため仕事のやり方を（　　　）。

7 1年生のクラスを（　　　）。

8 魚を網に（　　　）。

9 卒論をやっと（　　　）。

10 街で芸能人を（　　　）。

3

引き上げる	申し出る	盛り上がる	取り立てる	見送る
たどりつく	振り返る	見落とす	取り除く	

1 今回は計画の実行を（　　　）。

2 自宅に押しかけ、借金を（　　　）。

3 健康不安を（　　　）。

4 過去の生活を（　　　）。

5 一時停止のサインを（　　　）。

6 議論を重ね、やっと結論に（　　　）。

7 趣味の話で（　　　）。

8 転勤の希望を（　　　）。

4

逃げ出す	押し込む	押し寄せる	取り組む
追い出す	傷付く	心がける	

① だらしない同居人を（　　　　　）。

② 病院からそっと（　　　　　）。

③ 環境問題に（　　　　　）。

④ 荷物をトランクに（　　　　　）。

⑤ バーゲンに人が（　　　　　）。

⑥ 不祥事が起き、大学の信用が（　　　　　）。

⑦ 質素倹約を（　　　　　）。

5

引きずる	組み合わせる	引き起こす	受け止める
立ち去る	引き取る	問い合わせる	

① 反対意見をきちんと（　　　　　）。

② 大事件を（　　　　　）。

③ 未練をいつまでも（　　　　　）。

④ 事件現場から（　　　　　）。

⑤ さまざまなパーツを（　　　　　）。

⑥ 商品の注文について（　　　　　）。

⑦ 静かに息を（　　　　　）。

6

差し出す	成り立つ	見渡す	見習う
見慣れる	打ち明ける	口ずさむ	

① 全財産をどろぼうに（　　　　　）。

② 秘密を友だちに（　　　　　）。

③ なつかしい歌を（　　　　　）。

④ 生活が十分に（　　　　　）。

⑤ まわりの景色を（　　　　　）。

⑥ 先輩の姿勢を（　　　　　）。

⑦ 長い行列の光景に（　　　　　）。

い形容詞

정답 → 부록 p.55~56

あくどい 악랄하다, 짙다

あさましい 한심스럽다, 비열하다

あっけない 어의없다, 허망하다

荒っぽい 거칠다, 조잡하다

いやしい 천하다, 상스럽다

いやらしい 불쾌하다, 야하다

いさぎよい 결백하다, 깨끗하다

うさんくさい 어딘가 수상하다

おびただしい 엄청나다, 심하다

かるがるしい 경솔하다, 경망스럽다

けがらわしい 더럽다, 역겹다

心強い 믿음직스럽다

心細い 불안하다, 허전하다

快い 상쾌하다, 즐겁다

好ましい 호감이 가다, 바람직하다

さえない 좋지 않다, 신통치 않다

すがすがしい 상쾌하다, 개운하다

すばしこい 잽싸다, 약삭빠르다

切ない 괴롭다, 안타깝다

そうぞうしい 시끄럽다, 어수선하다

たくましい 다부지다, 강인하다

たやすい 손쉽다, 만만하다

だるい 나른하다, 노곤하다

とぼしい 부족하다, 가난하다

情けない 한심하다, 무정하다

情け深い 정이 많다, 인정이 많다

名高い 유명하다, 고명하다

なまぐさい 비릿하다, 피비린내나다

悩ましい 괴롭다, 마음이 어지럽다

望ましい 바람직하다

はかない 허무하다, 부질없다

ばかばかしい 어리석다, 터무니 없다

はなばなしい 화려하다, 찬란하다

ひさしい 오래되다, 오랜만이다

ふさわしい 어울리다, 걸맞다

紛らわしい 혼동하기 쉽다

待ち遠しい 몹시 기다려지다

真ん丸い 둥글다

みすぼらしい 초라하다, 빈약하다

目覚ましい 눈부시다, 훌륭하다

物足りない 뭔가 아쉽다

ややこしい 복잡하다, 까다롭다

欲深い 욕심이 많다

よそよそしい 서먹하다, 냉담하다

わずらわしい 번거롭다, 까다롭다

問題：_____ の中から （　　　）に入る適切な形容詞を選びなさい。

1

| あっけない | あくどい | いさぎよい | うさんくさい |
| おびただしい | 心強い | すばしこい | 悩ましい |

1 リスのように（　　　）動きをする。

2 彼にそう言ってもらえれば（　　　）です。

3 罪を認め（　　　）態度をとる。

4 （　　　）数の犠牲者が出る。

5 （　　　）最期をとげる。

6 お金がすぐにもうかるなんて（　　　）話だ。

7 どちらにするか（　　　）。

8 （　　　）手口で人をだます。

2

| あさましい | 快い | そうぞうしい | たくましい |
| だるい | 切ない | 名高い | たやすい |

1 これは世界的に（　　　）作品のひとつだ。

2 たくさんの人がいて部屋が（　　　）。

3 彼女へ（　　　）片思いをしている。

4 秋のひんやりとした（　　　）風が吹く。

5 熱で体がなんとなく（　　　）。

6 筋骨（　　　）男性にあこがれる。

7 財産めあての（　　　）結婚をする。

8 優秀な彼には（　　　）仕事だ。

3

| 真ん丸い | いやしい | 目覚ましい | ふさわしい | 荒っぽい |
| すがすがしい | 情けない | わずらわしい | 待ち遠しい | かるがるしい |

1 カンニングをするとは（　　　）根性だ。

2 一時帰国をする日が（　　　）。

3 （　　　）朝の空気を吸い込む。

4 （　　　）言葉で人を脅す。

5 こんなミスをするなんて我ながら（　　　）。

6 （　　　）月が輝いている。

7 （　　　）発展を遂げる。

8 秘密を人に話すなんて（　　　）言動は慎め。

9 自分の収入に（　　　）家賃のアパートに住む。

10 （　　　）手続きにうんざりする。

4

けがらわしい	物足りない	まぎらわしい	はかない	みすぼらしい
心細い	よそよそしい	情け深い	好ましい	さえない

1 友だちに急に（　　　　　）態度をとられる。

2 そんな話は聞くのも（　　　　　）。

3 子育てに（　　　　　）環境の町へ引っ越す。

4 初めての1人暮らしで（　　　　　）。

5 （　　　　　）判決に涙を流す。

6 この沿線には（　　　　　）駅名が多い。

7 平凡すぎてなんだか（　　　　　）作品だ。

8 収入が減り（　　　　　）アパートに引っ越す。

9 シャボン玉のように消えた（　　　　　）夢。

10 あの子は最近顔色が（　　　　　）。

5

ばかばかしい	欲深い	はなばなしい	ひさしい
ややこしい	なまぐさい	とぼしい	いやらしい

1 新しい機械の扱い方は（　　　　　）。

2 オリンピックで（　　　　　）活躍をする。

3 魚の（　　　　　）臭いは苦手だ。

4 りちぎ（　　　　　）彼は一円たりともまけたりしない。

5 そんな物に大金を払うなんて（　　　　　）。

6 国際試合の経験が（　　　　　）。

7 （　　　　　）話ばかりして女性に嫌われる。

8 この会に彼女が来なくなってから（　　　　　）。

な形容사

어휘 뜻·정답 → 부록 p.56~58

問題1:(　　　）に読みを入れなさい。

鮮やかな	（　　　　　）やかな	孤独な	（　　　　　）な
陰気な	（　　　　　）な	固有な	（　　　　　）な
円満な	（　　　　　）な	残酷な	（　　　　　）な
大柄な	（　　　　　）な	質素な	（　　　　　）な
大幅な	（　　　　　）な	柔軟な	（　　　　　）な
穏やかな	（　　　　　）やかな	庶民的な	（　　　　　）な
画期的な	（　　　　　）な	健やかな	（　　　　　）やかな
活発な	（　　　　　）な	誠実な	（　　　　　）な
過密な	（　　　　　）な	盛大な	（　　　　　）な
簡易な	（　　　　　）な	正当な	（　　　　　）な
簡潔な	（　　　　　）な	精密な	（　　　　　）な
頑固な	（　　　　　）な	切実な	（　　　　　）な
頑丈な	（　　　　　）な	善良な	（　　　　　）な
簡素な	（　　　　　）な	早急な	（　　　　　）な
寛容な	（　　　　　）な	対等な	（　　　　　）な
気軽な	（　　　　　）な	多忙な	（　　　　　）な
急激な	（　　　　　）な	単調な	（　　　　　）な
強硬な	（　　　　　）な	忠実な	（　　　　　）な
勤勉な	（　　　　　）な	痛快な	（　　　　　）な
軽率な	（　　　　　）な	手軽な	（　　　　　）な
健全な	（　　　　　）な	独自な	（　　　　　）な
厳密な	（　　　　　）な	和やかな	（　　　　　）やかな
賢明な	（　　　　　）な	否定的な	（　　　　　）な
高尚な	（　　　　　）な	敏感な	（　　　　　）な
肯定的な	（　　　　　）な	貧弱な	（　　　　　）な
小柄な	（　　　　　）な	不振な	（　　　　　）な

不審な	（　　　　　　　）な	無駄な	（　　　　　　　）な
不当な	（　　　　　　　）な	無茶な	（　　　　　　　）な
不明な	（　　　　　　　）な	無能な	（　　　　　　　）な
無礼な	（　　　　　　　）な	明瞭な	（　　　　　　　）な
保守的な	（　　　　　　　）な	明朗な	（　　　　　　　）な
未熟な	（　　　　　　　）な	有益な	（　　　　　　　）な
密接な	（　　　　　　　）な	勇敢な	（　　　　　　　）な
無意味な	（　　　　　　　）な	有望な	（　　　　　　　）な
無口な	（　　　　　　　）な	良好な	（　　　　　　　）な
無効な	（　　　　　　　）な	冷酷な	（　　　　　　　）な
無邪気な	（　　　　　　　）な	冷淡な	（　　　　　　　）な

問題２： ▭ の中から （ 　　 ） に入る適切な形容詞を選びなさい。

1

円満な	無意味な	単調な	忠実な	大幅な
頑固な	高尚な	強硬な	簡潔な	柔軟な

1　当事者不在のまま （　　　　　） 話し合いをする。

2　私の父は、考えが古く （　　　　　） 人間だ。

3　明るく （　　　　　） 家庭を築く。

4　来月から （　　　　　） 値上げが実施される。

5　記者は事件を （　　　　　） 文章でまとめた。

6　住民たちの （　　　　　） 反対運動が起きる。

7　飼い主に （　　　　　） 犬になるようしつける。

8　変化のない （　　　　　） 日々を送る。

9　自慢できるような （　　　　　） 趣味はない。

10　状況に合わせて （　　　　　） 対応をする。

2

不振な	頑丈な	大柄な	過密な	保守的な
不審な	軽率な	孤独な	寛容な	簡素な

1　（　　　　　） 発言を反省する。

2　女性としては （　　　　　） 体格をしている。

3　会社の （　　　　　） 業績を立て直す。

4　予算をかけず （　　　　　） 結婚式を上げる。

5　私の両親は （　　　　　） 考え方をする。

6　彼はさみしく （　　　　　） 人生を送った。

7　（　　　　　） 精神で、罪人を許す。

8　人が集中し人口が （　　　　　） 地域で暮らす。

9　この家は地震でも倒れない （　　　　　） 構造をしている。

10　近所を （　　　　　） 男がうろつく。

3

活発な	勤勉な	鮮やかな	残酷な	肯定的な
厳密な	陰気な	明瞭な	健やかな	庶民的な

1　彼女はいつも （　　　　　） 顔をしている。

2　会議で （　　　　　） 意見交換が行われる。

3　この基金は （　　　　　） 学生を支援している。

4　（　　　　　） 調査結果を出す。

5　昔は、盗みを働いた人間には （　　　　　） 刑罰がくだされていた。

6　彼女は聞き取りやすい （　　　　　） 発音で話す。

7　（　　　　　） 色のドレスを着ているあの女性はだれですか。

8　赤ちゃんの （　　　　　） 成長を祈る。

9　依頼をしたところ （　　　　　） 返事をもらう。

10　この食堂は （　　　　　） 店だ。

4

否定的な	簡易な	不当な	賢明な	有望な
画期的な	健全な	無邪気な	多忙な	対等な

1. 学者が（　　　　　）発明をする。

2. （　　　　　）選択をする。

3. デパートでは環境のために（　　　　　）包装を行っている。

4. 子どもの（　　　　　）発育を願う。

5. 息子の（　　　　　）笑顔にいやされる。

6. 会社の（　　　　　）解雇を訴える。

7. 若くて将来（　　　　　）政治家が当選する。

8. 仕事で（　　　　　）毎日を送る。

9. 条約上、2つの国は（　　　　　）立場にある。

10. 彼はいつも（　　　　　）発言ばかりする。

5

無駄な	誠実な	無能な	盛大な	手軽な
穏やかな	独自な	無礼な	切実な	痛快な

1. 計画が立ち消えになり、準備は（　　　　　）努力となった。

2. この作家の（　　　　　）文章がとても好きだ。

3. 結婚相手には（　　　　　）人がいい。

4. 秋の（　　　　　）気候を楽しむ。

5. 失敗ばかりで、本当に（　　　　　）上司だ。

6. （　　　　　）就任式をとりおこなう。

7. マナーを知らない（　　　　　）若者に説教する。

8. 薬害問題に苦しむ被害者が（　　　　　）訴えをする。

9. 好きな映画は（　　　　　）アクション・コメディーです。

10. コンビニで弁当を買い（　　　　　）食事を済ませる。

6

冷淡な	良好な	和やかな	精密な	気軽な
細やかな	早急な	勇敢な	無口な	未熟な

1. 話し合いは（　　　　　）ムードで進んだ。

2. 友人に（　　　　　）態度をとられる。

3. 火事から人を助け、（　　　　　）行動を表彰される。

4. （　　　　　）健康状態を維持する。

5. 大地震が起き、（　　　　　）対応をする。

6. 工場で（　　　　　）機器を扱う。

7. 彼は（　　　　　）人で、存在感が薄い。

8. ベテランに比べまだ（　　　　　）腕前だ。

9. 1人でふらりと（　　　　　）旅に出る。

7

善良な	冷酷な	明朗な
有益な	貧弱な	正当な

1 テロに（　　　　）市民が巻き込まれる。

2 この（　　　）内容の論文では審査に通らない。

3 有給休暇取得は労働者の（　　　）権利だ。

4 よくも友だちに対してそんな（　　　）仕打ちができるものだ。

5 この寿司屋は（　　　）会計がモットーだ。

6 先輩から（　　　）アドバイスをもらう。

8

無効な	固有な	質素な	不明な	小柄な
急激な	密接な	敏感な	無茶な	

1 （　　　）証明書を提出してしまい、注意を受ける。

2 気温の（　　　）変化に、体がついていかない。

3 田舎で（　　　）暮らしをする。

4 この記事には（　　　）点が多い。

5 2つの国は（　　　）関係にある。

6 彼女は姉に比べ（　　　）体格だ。

7 光に（　　　）反応をするセンサーを取り付ける。

8 3日も徹夜するなんて（　　　）ことはやめたほうがいい。

9 これは日本に（　　　）文化である。

부사 · 의성어 · 의태어 등

정답 → 부록 p.58

あっさり 깨끗이, 개운하게	ぐっと 꾹(힘차게 하는 모양), 훨씬	ひんやり 싸늘한 모양, 썰렁
いかにも 매우, 과연	さぞ 아마, 틀림없이	ぶかぶか 헐렁헐렁, 둥둥
いざ 자, 막상, 정작	さほど 그다지, 별로	ふらふら 휘청휘청, 흔들흔들
いまさら 새삼스럽게, 이제와서	さも 아주, 정말로	ぶらぶら 어슬렁어슬렁
いやいや 마지못해, 할 수 없이	じっくり 차분하게, 곰곰이	ぺこぺこ 꼬르륵꼬르륵, 굽실굽실
おいおい 점차, 차츰, 머지않아	終始 시종일관	ほっと 휴우(마음을 놓는 모양)
おのずから 저절로, 자연히	しんなり 탄력있는, 나긋나긋	まごまご 우물쭈물
がっしり 튼튼하게, 다부지게	ずらっと 쭉(늘어서 있는 모양)	まさしく 틀림없이, 확실히
がっちり 꽉, 다부지게	だぶだぶ 헐렁헐렁, 뒤룩뒤룩	まるごと 통째로, 온통
かねて 미리, 전부터	なおさら 더욱 더, 한 층	まるまる 둥글둥글
かろうじて 겨우, 가까스로	ながなが 길게, 장황하게	めいめい 각각, 각자
きっかり 뚜렷이, 정확히	なにとぞ 제발, 부디	やまやま 태산같은, 굴뚝같은
きっぱり 딱 잘라, 단호하게	はなはだ 매우, 대단히	やんわり 점잖게, 부드럽게
きわめて 극히, 지극히	ひいては 나아가서는	わざわざ 일부로, 고의로
くっきり 뚜렷이, 선명하게	びっしょり 흠뻑	

問題 : ［＿＿＿＿］の中から（　　　）に入る適切な語を選びなさい。

1

まるごと　　　まごまご　　　ぐっと　　　かろうじて　　　さぞ

1 （　　　　　）終電に間に合う。

2 教科書を（　　　　　）暗記する。

3 出張が続き（　　　　　）お疲れでしょう。

4 （　　　　　）我慢する。

5 手順がわからず（　　　　　）してしまった。

2

まさしく	きっかり	いやいや	だぶだぶ
きわめて	いまさら	おのずから	

[1] （　　　　　）12時に着く。

[2] （　　　　　）のシャツを着る。

[3] 一度受けた仕事を（　　　　　）嫌とも言えない。

[4] あの声は（　　　　　）彼だ。

[5] テストのため（　　　　　）勉強する。

[6] 隠しても（　　　　　）ばれてしまった。

[7] （　　　　　）深刻な病状に陥る。

3

ながなが	くっきり	いざ	さほど	いかにも	がっちり

[1] 首相2人は（　　　　　）握手をした。

[2] （　　　　　）話し込む。

[3] （　　　　　）学生らしい態度をとる。

[4] 向こうに（　　　　　）山が見える。

[5] ここに小さな傷があるが（　　　　　）気にならない。

[6] （　　　　　）というときの言動でその人の性格がわかる。

4

なにとぞ	ふらふら	ひいては	終始	なおさら

[1] 熱が高く体が（　　　　　）する。

[2] 風が強く（　　　　　）寒く感じる。

[3] 私の研究は（　　　　　）社会のためになるはずだ。

[4] （　　　　　）無言を通す。

[5] ご無礼のほど、（　　　　　）お許しください。

5

ほっと	じっくり	あっさり	さも	びっしょり

1 　力の差が大きく（　　　　　　）試合に負ける。

2 　（　　　　　　）汗をかく。

3 　（　　　　　　）ため息をつく。

4 　みんな笑顔で（　　　　　　）楽しげだ。

5 　虫を（　　　　　　）観察する。

6

きっぱり	がっしり	ぶらぶら	ひんやり	はなはだ

1 　（　　　　　　）残念な結果に終わる。

2 　通りを（　　　　　　）散歩する。

3 　（　　　　　　）とした高原の空気が気持ちいい。

4 　申し出を（　　　　　　）断る。

5 　彼は（　　　　　　）した体つきをしている。

7

ずらっと	めいめい	かねて	しんなり	ぶかぶか	おいおい

1 　サイズが合わない（　　　　　　）の靴をはく。

2 　ゆでて（　　　　　　）した野菜を食べる。

3 　会議の出席者は（　　　　　　）発言した。

4 　棚に新製品も（　　　　　　）並べる。

5 　（　　　　　　）からの希望をかなえる。

6 　事件の真相は（　　　　　　）明らかになるだろう。

8

ぺこぺこ	やまやま	まるまる	やんわり	わざわざ

1 　たくさん食べて（　　　　　　）と太る。

2 　おなかが（　　　　　　）になる。

3 　申し出を（　　　　　　）断る。

4 　買い物のために（　　　　　　）遠回りする。

5 　行きたいのは（　　　　　　）だが、その日は都合
　　が悪い。

가타카나어

정답 → 부록 p.58~59

アーカイブ 아카이브
アップ 업, 인상
アップロード 업 로드
アプローチ 어프로치, 접근
アポイント 어포인트, 약속
アリバイ 알리바이
インストール 인스톨, 설치, 비치
インプット 인풋, 입력
インフラ 인프라, 기간 사업
インボイス 인보이스, 송장
ウイルス 바이러스
エリア 에어리어, 지역, 구역
オーダー 오더, 주문, 순서
オートマチック 오토매틱, 자동식
カルテ 진료 기록 카드
キープ 키프, 유지, 확보
キャッチ 캐치, 잡음, (공을) 받음
グローバル 글로벌
ケア 케어, 돌봄, 간호, 손질
ケース 케이스, 상자, 사례
コミカル 코미컬, 익살스러움
コメント 코멘트, 설명, 논평
コンテスト 콘테스트
コンテンツ 콘텐츠, 내용, 목차

コントラスト 콘트라스트, 대조
サイクル 사이클, 주파수, 자전거
シェア 셰어, 점유율
システム 시스템, 조직
シチュエーション 시추에이션
シナリオ 시나리오, 각본
シャープ 샤프, 날카로움
ジャンル 장르, 분야
ストック 스토크, 저장
スペース 스페이스, 공간
セクション 섹션, 구획
セット 세트
タイト 타이트, 꼭 낌
タイムリー 타임리, 시기적절함
ダウン 다운, 내려감, 쓰러짐
ダウンロード 다운로드
チョイス 초이스, 선택
データ 데이터, 정보, 자료
デリカシー 델리커시, 섬세함
ドライ 드라이, 무미건조함, 현실적임
トラブル 트러블, 분쟁, 고장
トレンド 트랜드, 시대의 경향
ナチュラル 내추럴, 자연스러움
ナンセンス 난센스, 무의미함

ニュアンス 뉘앙스
バッテリー 배터리
ファイル 파일, 서류철
フィット 피트, 몸에 딱 맞음
フィルター 필더, 여과장치
ブーム 붐
フォロー 폴로, 지원, 추적
プライベート 프라이빗, 사적
フロント 프론트
ベース 베이스, 토대, 기본
ペンディング 펜딩, 보류
ボイコット 보이콧
マーク 마크
マッチ 매치, 성냥
モニター 모니터
モラル 모럴, 도덕, 윤리, 교훈
ラフ 러프, 아무렇게나 함
ラベル 라벨
リアリティー 리얼리티
リード 리드
リスト 리스트
リセット 리셋
レギュラー 레귤러, 고정출연자

問題：の中から（　　）に入る適切なカタカナ語を選びなさい。

1

ウイルス	システム	タイムリー	リード
アップ	サイクル	フィット	

1　（　　　　　）な企画を出す。

2　試合を大きく（　　　　）する。

3　時給が（　　　　）する。

4　体に（　　　　）する服を着る。

5　会社の（　　　　）を説明する。

6　インフルエンザの（　　　　）に感染する。

7　流行には（　　　　）がある。

2

アーカイブ	リスト	リアリティー	フロント
ニュアンス	ナンセンス	マーク	

1　そういう考え方は（　　　　）だ。

2　出席者の（　　　　）を発表する。

3　赤ペンで重要事項を（　　　　）する。

4　古い資料を（　　　　）で検索する。

5　言葉の（　　　　）を理解する。

6　コートを（　　　　）に預ける。

7　この戦争映画には（　　　　）がない。

3

ケース	コミカル	フィルター	インフラ
モニター	ラベル	ブーム	

1　上下水道などの（　　　　）を整備する。

2　俳優の（　　　　）な演技を見て笑う。

3　テレビ番組を（　　　　）する。

4　迷惑メール防止のため（　　　　）を設定する。

5　最悪の（　　　　）を想定する。

6　賞味期限を（　　　　）に表示する。

7　戦国武将（　　　　）に沸く。

4

アリバイ	ファイル	グローバル	ジャンル
ベース	モラル	キープ	

1 このカクテルはジンを（　　　　）にしている。

2 若いころの体型を（　　　　）する。

3 圧縮した（　　　　）をメールで送る。

4 地球温暖化は（　　　　）な問題だ。

5 容疑者の（　　　　）が崩れる。

6 CDを（　　　　）別に分ける。

7 人々の（　　　　）が低下する。

5

アプローチ	コンテスト	コントラスト	カルテ
オートマチック	ボイコット	トラブル	

1 白と黒の（　　　　）を調整する。

2 別の角度から（　　　　）する。

3 ある会社の製品を（　　　　）する。

4 金銭（　　　　）を起こす。

5 患者の（　　　　）を作成する。

6 スピーチ（　　　　）で優勝する。

7 （　　　　）車を運転する。

6

ダウン	データ	コメント	ドライ
インストール	シナリオ	レギュラー	

1 彼は考え方がとても（　　　　）だ。

2 風邪で（　　　　）する。

3 ワイドショーで辛口な（　　　　）をする。

4 検査の（　　　　）に基づいて分析する。

5 映画の（　　　　）を書き下ろす。

6 テレビ番組の（　　　　）になる。

7 パソコンにソフトを（　　　　）する。

7

スペース	タイト	インボイス	シチュエーション
キャッチ	セクション	アポイント	

1 このスケジュールはかなり（　　　）だ。

2 面接の（　　　）をとる。

3 収納の（　　　）を確保する。

4 海外に商品を発送するため（　　　）を作成する。

5 ロマンチックな（　　　）でプロポーズする。

6 常に最新の情報を（　　　）する。

7 わが社は営業、総務など5つの（　　　）に分かれています。

8

ラフ	トレンド	エリア	ペンディング
ダウンロード	デリカシー	オーダー	

1 居酒屋で生ビールを（　　　）する。

2 ウェブ上からファイルを（　　　）する。

3 この冬の（　　　）を予測する。

4 あいつは本当に（　　　）のないやつだ。

5 今日はスーツではなく（　　　）な服装で出社した。

6 山奥なので、携帯電話のサービス（　　　）の圏外だ。

7 まだ交渉の余地があるので、この問題は（　　　）にしておく。

9

シャープ	セット	アップロード	インプット
ストック	バッテリー	チョイス	

1 携帯電話の（　　　）を充電する。

2 倉庫に予備を（　　　）しておく。

3 メニューの中から、お好きなものを（　　　）してください。

4 パソコンに売り上げデータを（　　　）する。

5 サーバーに、作成したファイルを（　　　）する。

6 彼女はやせて顔のラインが（　　　）になった。

7 アラームを5時に（　　　）する。

10

コンテンツ	フォロー	ナチュラル	シェア
リセット	ケア	プライベート	

① パソコンが動かなくなり、一度（　　　　　）する。

② 友だちと部屋を（　　　　　）して住んでいる。

③ これは私の（　　　　　）な問題なので、口出しし
ないでください。

④ 疲れた体を（　　　　　）する。

⑤ 彼女はいつも（　　　　　）なメイクをしている。

⑥ 魅力的な（　　　　　）を携帯に配信する。

⑦ 先輩が後輩のミスを（　　　　　）する。

중요 한자숙어

어휘 뜻 · 정답 → 부록 p.59～63

問題：（ ）に読みを入れなさい。

圧	圧倒	（ ）		確立	（ ）
	圧迫	（ ）	外	外観	（ ）
暗	暗殺	（ ）	観	観点	（ ）
異	異議	（ ）	鑑	鑑賞	（ ）
	異動	（ ）	感	感染	（ ）
	驚異	（ ）	勘	勘定	（ ）
依	依然	（ ）	慣	慣例	（ ）
	依頼	（ ）	気	気質	（ ）
意	意向	（ ）		気品	（ ）
	意地	（ ）		気風	（ ）
	意図	（ ）		気象	（ ）
	意欲	（ ）	機	機構	（ ）
運	運賃	（ ）		機能	（ ）
	運用	（ ）		動機	（ ）
大	大方	（ ）	規	規制	（ ）
	大柄	（ ）		規範	（ ）
	大筋	（ ）		規模	（ ）
応	応急	（ ）		規約	（ ）
	応募	（ ）	却	却下	（ ）
過	過密	（ ）		忘却	（ ）
	過労	（ ）	強	強行	（ ）
改	改革	（ ）		強制	（ ）
	改訂	（ ）	共	共感	（ ）
	改良	（ ）		共存	（ ）
解	解除	（ ）		共和	（ ）
確	確信	（ ）	協	協議	（ ）
	確保	（ ）		協定	（ ）

教	教訓	(	)		回顧	(	)
経	経緯	(	)	誤	誤差	(	)
	経過	(	)		錯誤	(	)
	経費	(	)	交	交易	(	)
	経歴	(	)		交互	(	)
	経路	(	)		交渉	(	)
軽	軽減	(	)		交替	(	)
	軽視	(	)	好	好悪	(	)
	軽症	(	)		好感	(	)
形	形成	(	)		好機	(	)
	形勢	(	)		好転	(	)
	形態	(	)		愛好	(	)
決	決意	(	)	購	購入	(	)
	決勝	(	)		購読	(	)
結	結成	(	)		購募	(	)
	結束	(	)	公	公演	(	)
	結晶	(	)		公開	(	)
権	権威	(	)		公言	(	)
	権限	(	)		公認	(	)
	権力	(	)		公立	(	)
	棄権	(	)	抗	抗議	(	)
現	現行	(	)		抗争	(	)
	現地	(	)	国	国防	(	)
原	原則	(	)		国連	(	)
	原点	(	)		国交	(	)
健	健在	(	)	根	根気	(	)
	健闘	(	)		根拠	(	)
減	減少	(	)		根底	(	)
	減点	(	)		根本	(	)
個	個々	(	)	細	細心	(	)
	個別	(	)		細胞	(	)
顧	顧客	(	)	採	採決	(	)
	愛顧	(	)		採択	(	)

	採用	（　）		出品	（　）
産	産出	（　）		摘出	（　）
	産物	（　）		流出	（　）
山	山脈	（　）	所	所在	（　）
資	資格	（　）		所持	（　）
	資金	（　）		所属	（　）
	資産	（　）		所定	（　）
自	自己	（　）		所得	（　）
	自在	（　）		所有	（　）
	自立	（　）	指	指摘	（　）
支	支持	（　）	新	新婚	（　）
	収支	（　）		新人	（　）
視	視察	（　）		新築	（　）
	視点	（　）	進	進行	（　）
	視野	（　）		進出	（　）
	監視	（　）		進呈	（　）
実	実家	（　）		進展	（　）
	実業家	（　）	人	人格	（　）
	実質	（　）		人材	（　）
	実践	（　）		人民	（　）
	実態	（　）	真	真実	（　）
収	収益	（　）		真相	（　）
	収支	（　）		真理	（　）
	収集	（　）	水	水源	（　）
	収容	（　）	推	推進	（　）
修	修士	（　）		推測	（　）
	修了	（　）		推理	（　）
出	出演	（　）	正	正夢	（　）
	出現	（　）		訂正	（　）
	出資	（　）	成	成果	（　）
	出社	（　）		成長	（　）
	出世	（　）		成年	（　）
	出費	（　）	生	生育	（　）

精	精鋭	(	)		調停	(	)
	精算	(	)		調理	(	)
世	世代	(	)		調和	(	)
	世論	(	)	沈	沈黙	(	)
戦	戦闘	(	)	手	手当	(	)
相	相応	(	)		手際	(	)
	相場	(	)		手順	(	)
創	創造	(	)		手配	(	)
妥	妥協	(	)		手法	(	)
	妥当	(	)		手腕	(	)
対	対抗	(	)		名手	(	)
	対処	(	)		入手	(	)
	対等	(	)	提	提供	(	)
	対比	(	)		提携	(	)
	対面	(	)		提示	(	)
大	大家	(	)	適	適性	(	)
	大金	(	)	天	天才	(	)
	大衆	(	)		天災	(	)
	大使	(	)	転	転換	(	)
	大役	(	)		転勤	(	)
退	退学	(	)	同	同意	(	)
	退治	(	)		同感	(	)
	退職	(	)		同居	(	)
体	体格	(	)		同士	(	)
	体験	(	)		同情	(	)
	体力	(	)		同調	(	)
単	単価	(	)	統	統制	(	)
	単身	(	)		統率	(	)
中	中継	(	)	特	特技	(	)
	中傷	(	)		特製	(	)
	中毒	(	)		特設	(	)
抽	抽象	(	)	独	独裁	(	)
調	調印	(	)		独占	(	)

	独創	(	)		復興	(	)
内	内閣	(	)	分	分際	(	)
	内部	(	)		分散	(	)
	内訳	(	)		分別	(	)
熱	熱意	(	)	偏	偏愛	(	)
把	把握	(	)		偏屈	(	)
破	破壊	(	)		偏見	(	)
	破棄	(	)		偏在	(	)
	破産	(	)	保	保育	(	)
配	配線	(	)		保険	(	)
	配当	(	)		保護	(	)
	配布	(	)		保障	(	)
	配慮	(	)	法	法案	(	)
発	発芽	(	)		法学	(	)
	発掘	(	)		法廷	(	)
	発言	(	)	放	放棄	(	)
	発生	(	)		放置	(	)
繁	繁盛	(	)	暴	暴動	(	)
悲	悲観	(	)		暴力	(	)
	悲願	(	)	補	補給	(	)
人	人柄	(	)		補充	(	)
	人目	(	)		補助	(	)
一	一息	(	)		補償	(	)
頻	頻度	(	)		補足	(	)
不	不意	(	)		捕虜	(	)
	不況	(	)	本	本格	(	)
	不興	(	)		本質	(	)
	不景気	(	)		本性	(	)
	不慮	(	)		本体	(	)
風	風習	(	)		本音	(	)
	風俗	(	)		本能	(	)
	風土	(	)		本場	(	)
復	復活	(	)		本分	(	)

	本領	(	)		模倣	(	)
未	未知	(	)	野	野党	(	)
	未定	(	)	有	有機	(	)
	未練	(	)		有識者	(	)
密	密集	(	)	要	要旨	(	)
	密度	(	)		要請	(	)
	密封	(	)		要領	(	)
	密輸	(	)	余	余暇	(	)
無	無断	(	)		余地	(	)
	無論	(	)	予	予言	(	)
名	名義	(	)		予想	(	)
	名産	(	)	理	理論	(	)
	名実	(	)	立	立案	(	)
	名簿	(	)		立腹	(	)
	名誉	(	)		立方	(	)
	匿名	(	)	冷	冷気	(	)
	売名	(	)		冷却	(	)
摸	模型	(	)		冷遇	(	)
	模範	(	)				

모의테스트 및 부록 해설 · 정답

問題 1

1	2
2	1
3	3
4	2
5	4
6	2

問題 2

7	3
8	1
9	3
10	2
11	4
12	3
13	2

問題 3

14	2
15	3
16	1
17	2
18	2
19	4

問題 4

20	4
21	4
22	2
23	1
24	2
25	3

問題 5

26	4
27	2
28	1
29	1
30	2
31	3
32	2
33	1
34	4
35	2

問題 6

36	1
37	3
38	4
39	3
40	2

問題 7

41	1
42	4
43	2
44	1
45	3

解説

問題 5

26 「A とあいまって」⇒ A 와 동시진행으로 《영향을 주면서 변화하는 것을 나타낸다》

27 「A をもって」《여기서는 시간의 기한을 나타낸다. 수단이나 상태를 나타내는 경우에도 사용한다》

28 「동사사전형 + べく」⇒ ~ 하기 위해서
【ex】独立すべく働く 독립하기 위해서 일하다

29 「명사 + じみる」⇒ ~ 와 같이 보이다 · ~ 분위기가 있다 《나쁜 의미로 사용된다》

30 「~ばこそ…」⇒ …을 하기 위한 가장 큰 이유는 ~
【ex】愛すればこそ 사랑하기 때문에

31 「동사ない형 + までも…」⇒ ~ 하지는 못해도 적어도…을 《역설의 가정》

32 「동사う・よう + ものなら~」⇒ 나쁜 것을 만약 한다면 (나쁜 결과가 생긴다)

33 「동사て형 + やまない」⇒ 진심으로 희망하다 / 매우 ~ 하다
【ex】愛してやまない 매우 사랑하다

34 이중부정 표현 (가르쳐 주지 못할 것도 없지만) = 教えてあげられるが (가르쳐 줄 수 있지만)

35 「동사ます형 + なねない」⇒ ~ 할 수도 있다, ~ 하게 될 수도 있다

問題 6

36 (この不景気で、就職) 3 しようとしても 2 どうにもならず 1 やむを得ず 1 無職でいる (人が少なくない。)
이 불경기에 취직하려고 해도 어떻게 할 수 없어, 어쩔 수 없이 무직으로 있는 사람이 적지 않다.

37 (たとえ試験が全部できても) 2 名前を 1 書き忘れたら 3 それまで 4 なんだから、(くれぐれも忘れないように。)
아무리 시험을 전부 다 마쳐도 이름을 쓰는 것을 잊으면, 거기까지이므로 부디 잊지 않도록.

38 (「いや、彼女は) 3 やさしいと 4 いうよりはむしろ 1 嫌われるのが 2 こわくて (生徒をしかれないのだと思う。)
아니, 그녀는 친절하다고 하기 보다 오히려 미움받는게 무서워서 학생을 혼내지 않는다고 생각해.

39 (医師である) 2 私にとってほかの 4 何よりも 3 うれしいこと 1 といったら、(患者の回復です。)
의사인 나에게 있어서 다른 무엇보다도 기쁜 일이라고 하면, 환자의 회복입니다.

40 (彼が最後の歌詞を) 4 歌い 2 終わる 1 が 3 早いか (満員の観客は立ち上がって拍手した。)
그가 마지막 가사를 부르는 것을 끝내자마자 모든 관객은 일어서서 박수를 쳤다.

問題 1

1	4
2	2
3	3
4	4
5	3
6	1

問題 2

7	3
8	1
9	3
10	2
11	2
12	3
13	4

問題 3

14	3
15	2
16	4
17	2
18	3
19	1

問題 4

20	2
21	2
22	4
23	1
24	2
25	3

問題 5

26	3
27	3
28	1
29	3
30	4
31	1
32	3
33	2
34	1
35	2

問題 6

36	1
37	4
38	3
39	3
40	2

問題 7

41	2
42	3
43	1
44	4
45	3

解説

問題 5

26 「Aのいかんにかかわらず…」⇒ A가 어떻든 관계없이

27 「AのかたわらB」⇒ A와 B를 동시에 하고 있다《A, B에는 연속적인 일 등이 들어간다》

28 「～ずにすまない」⇒ ～을 하지 않고는 끝나지 않는다
【ex】税金は払わずにはすまない 세금은 내지 않으면 안된다

29 「Aをおいて～ない」⇒ A 이외에는 ～ 없다

30 「동사て형＋からというもの…」⇒ ～하고, 그 후 계속…《기간을 나타낸다》

31 「～とはいえ…」⇒ ～은 사실이지만, 그에 반해…

32 (화자가 손윗사람을) 만나다

33 「～たら・れば…ものを」⇒ ～라면…인데《반대의 희망・후회》
【ex】知っていれば行かなかったものを 알았더라면 가지 않았을 것을 (실제로는 가서 후회하고 있다)

34 「Aを余儀なくされる」⇒ 다른 방법이 없어 어쩔 수 없이 A 하다＝せざるを得ない

35 「Aともあろうものが」⇒ Aほどすごい人が A 정도의 대단한 사람이 (명색이 A 라고 하는 사람이)

問題 6

36 (まだ入社) 2 したばかりで 4 わからないこと 1 だらけですので 3 失礼が (あるかもしれませんが、よろしくご指導ください。)
아직 입사한 지 얼마 안 돼서, 모르는 것 투성이므로 실례가 있을지도 모르지만, 지도 편달 부탁드립니다.

37 「(いくら部長の) 2 私に 4 したって 3 すぐ車が買えるほどの 1 給料を(もらっているわけではありませんよ。…)」
아무리 부장인 나란 한들, 바로 차를 살 수 있을 정도의 월급을 받고 있는 건 아니예요.

38 (そんな思い切った改革は) 4 市民の 2 全面的な協力 3 なくしては 1 とても (なし得なかっただろう。)
그런 과감한 개혁은 시민의 전면적인 협력 없이는 도저히 이룰 수 없었을 것이다.

39 (彼はいきなり立ち上がる) 2 なり 1 何かを 3 思い出したように 4 部屋 (から急いで出て行った。)
그는 갑자기 일어서자마자 뭔가가 생각난 듯이 부실에서 서둘러 나갔다.

40 (日本人の私) 3 ですら 4 がまんできない 2 くらい 1 なのだから (外国の人にこの蒸し暑さはつらいだろう。)
일본인인 나조차 참을 수 없을 정도이므로 외국인에게 이 무더움은 괴로울 것이다.

제3회 모의테스트

問題 1

1	2
2	4
3	2
4	3
5	2
6	1

問題 2

7	1
8	2
9	3
10	3
11	2
12	4
13	1

問題 3

14	4
15	1
16	2
17	3
18	1
19	4

問題 4

20	4
21	3
22	1
23	2
24	3
25	2

問題 5

26	4
27	2
28	4
29	3
30	1
31	2
32	1
33	3
34	1
35	2

問題 6

36	4
37	1
38	1
39	2
40	3

問題 7

41	1
42	2
43	4
44	2
45	3

解説

問題 5

26 「A あっての B」⇒ A 덕분에 B 가 있다
【ex】先生のご指導あっての合格 선생님 지도 덕분의 합격

27 「A をよそに」⇒ A 에 대해 모른다는 얼굴로, 신경쓰지 않고
【ex】親の心配をよそに遊び回る 부모의 걱정을 뒤로 하고 노닐다.

28 「〜しまつだ」⇒ 여러가지 일이 있고 〜 라는 나쁜 결과가 되다.

29 (맞지 않을지도 모르지만) 내 방식으로 《자신을 낮추는 표현》
【ex】あの子は小さいなりに頑張った＝小さいが精一杯やった
그 아이는 어리지만 노력했다 = 어리지만 최선을 다했다

30 「A が B まみれ」⇒ A 의 표면이 B 로 가려져, A 본체가 보이지 않을 정도로 더렵혀져 있다 【ex】汗まみれ 땀범벅 泥まみれ 진흙투성이 ほこりまみれ 먼지 투성이 《B 는 액체・분말 상태의 것, 더럽고 마이너스 이미지》

31 「A から B にかけて」⇒ A 에서 B 까지 쭉 《시간이나 장소가 연속 있는 것을 나타낸다. 「〜にわたって」와 거의 같지만 「かけて」가 선적이고 「わたって」가 면적이 넓은 이미지, 양쪽에 쓰이는 경우가 많다.》

32 「동사사전형 + やいなや」⇒〜하자 바로 【cf】〜が早いか／〜なり／동사た형 + とたん

33 「〜どころか…」⇒〜 라고 예상 한 것과 전혀 반대의 …라는 결과
【ex】給料をくれるどころか、ただ働きだった 월급을 주는 것은 고사하고, 공일이었다.

34 100% しなくてはいけない + ではない→しなくてもよい

35 ない + ない＝わかる《선택지 1, 3 은 부정, 4 「〜かねない」는 ~~子고 싱태의 동직에 대해~~ 사용하므로 부사언스러움》

問題 6

36 (彼はとても地味な人で、そこに) 3 いようが 1 いまいが 4 だれにも 2 気づかれない (ほど目立たなかった。)
그는 매우 수수한 사람이어서 그곳에 있는지 없는지 아무도 눈치채지 못할 정도로 눈에 띄지 않았다.

37 (お金をできるだけ) 3 使わずに 2 暮らさざるを 1 得ないので 4 仕方なく (安いアパートに引っ越しました。) 돈을 최대한 쓰지 않고 살아야해서 어쩔 수 없이 싼 아파트로 이사했습니다.

38 (さすがに京都一の旅館と言われる) 2 だけあって 3 料理も 1 さることながら 4 そのサービス (といったら、まるで私の心を読んでいるかのようだ。) 역시 교토 최고의 여관이라 불릴 정도로 요리는 물론 그 서비스는 마치 나의 마음을 읽고 있는 것 같았다.

39 (もう二度と酒は飲む) 4 ものか 2 と 1 決意した 3 ものの、(夜になるとつい飲んでしまう。) 이제 다시는 마시지 않겠다고 결심했지만, 밤이 되면 무심코 마셔버린다.

40 (以前は) 4 電車の中で 1 化粧するなんて 3 女性に 2 あるまじき (行為でしたが、今では平気な顔する人がたくさんいます。) 이전에는 전철 안에서 화장하는 것은 여성이 해서는 안 되는 행위였지만 이제는 아무렇지 않은 얼굴로 하는 사람이 많습니다.

제4회 모의테스트

問題 1		問題 5	
1	3	26	1
2	2	27	2
3	1	28	3
4	3	29	1
5	1	30	4
6	4	31	2
		32	2
問題 2		33	3
7	2	34	2
8	4	35	4
9	3		
10	1	**問題 6**	
11	1	36	1
12	4	37	2
13	2	38	3
		39	4
問題 3		40	4
14	1		
15	2	**問題 7**	
16	3	41	3
17	4	42	2
18	1	43	1
19	3	44	3
		45	4
問題 4			
20	2		
21	3		
22	4		
23	1		
24	3		
25	3		

解説

問題5

26 「Aは（を）抜きで（に）」⇒ ~ 없이, ~ 빼고
【ex】お世辞は抜きで 발림 말은 빼고

27 知ることなしに＝知ることをしないで 알려고 하지 않고

28 「~ためとあったら（あれば）…」⇒ 어떤 목적을 위해서는 어떤 것도 한다【ex】子どものためとあったら、親は自分の命も差し出す 아이를 위해서라면, 부모는 자신의 목숨도 내 놓는다

29 「명사・형용사+ ながらも…」⇒ ~이지만…【ex】貧しいながらも幸せな生活 가난하지만 행복한 생활

30 「동사ます형+ っぱなし」⇒ ~ 한 채로 두다《그 상태로 놓아 두다. 「つけたまま」와 같은 의미이지만, 「っぱなし」는 잊고 무심코 하고 있는 느낌이다【ex】水道を出しっぱなし 수도를 틀어놓은 채》

31 「A であれ B であれ」⇒ A, B 어느 것이라도【ex】男であれ女であれ無事に産まれてほしい 남자이건 여자이건 무사히 태어나주길 바라다《가정의 일을 나타낸다》
「A だったり B だったり」《가정의 일을 나타낸다》【ex】朝食はパンだったり、ごはんだったりする。 아침식사는 빵이든가, 밥이든가 한다.

32 （자신 → 상대에게）검토해주길 바란다 （겸양어）

33 「~にあたらない」⇒ ~ 할 필요가 없다, ~ 할 가치가 없다

34 부분 부정의 표현

35 「~わけにはいかない」⇒ ~ 할 수는 없다

問題6

36 （毒キノコと知っていれば）3 食べなかった 1 ものを 4 知らなかった 2 ばかりに （食べてしまい、危なく命を落とすところだった。）독버섯인 줄 알았다면 먹지 않았을 것을, 몰랐던 탓에 먹어버려 아슬아슬하게 목숨을 잃을 뻔 했다.

37 （全部で20kg）4 から 1 あるし 2 女性の 3 あなた1人では （とても持てないでしょう。）전부 20 키로 씩이나 되서 여성인 당신 혼자로는 도저히 들 수 없을 겁니다.

38 （地震の直後は、津波警報の）1 有無 4 にかかわらず 3 何 2 をおいても （海岸から離れてください。）지진 직후는 해일경보의 유무에 상관없이, 무조건 해안에서 벗어나세요.

39 （最近のテレビは）2 若者向けの 1 番組ばかりで 4 大人の鑑賞に 3 たえる （番組がほとんどない。）최근의 텔레비전은 젊은이를 위한 프로그램 뿐이어서, 어른이 감상할 만한 프로그램은 거의 없다.

40 （これだけ売れるとは、）3 この商品を発明した 1 彼自身 4 にしても 2 予想し得なかった （ことだろう。）이렇게까지 팔릴 줄은 이 상품을 발명한 그 자신조차도 예상하지 못한 일일 것이다.

問題1

1	2
2	2
3	1
4	3
5	4
6	2

問題2

7	2
8	3
9	4
10	2
11	1
12	2
13	3

問題3

14	4
15	2
16	3
17	2
18	2
19	1

問題4

20	4
21	2
22	3
23	1
24	4
25	2

問題5

26	4
27	1
28	1
29	2
30	4
31	1
32	2
33	3
34	1
35	2

問題6

36	3
37	2
38	2
39	4
40	1

問題7

41	4
42	1
43	3
44	2
45	2

解説

問題5

26 「かくなる上は」⇒ 이렇게 된 이상은~

27 「A なくして」⇒ A가 없다면

28 「~の極み」⇒ 어떤 것의 최고, 극한의 상태를 나타냄【ex】疲労の極み 극한의 피로／喜びの極み 최고의 기쁨／＝～の限り》

29 「～うが～まいが…」⇒ ～ 해도 ~ 하지 않아도, 그것에 관계 없이…《같은 동사의 긍정형과 부정형이 들어간다【ex】食べようが食べまいが太ってしまう 먹어도 안 먹어도 살쪄 버린다》

30 「～をせまられる」⇒(사람에게)강제적으로 ~ 당하다《「～をせまる」⇒ (사람에게)강제적으로 ~ 시키다【ex】選択をせま(られ)る 선택을 강요당하다／離婚をせま(られ)る 이혼을 강요당하다》

31 「～だにしない」⇒ (작은 것) 조차 ~ 하지 않다【ex】夢想だにしない 상상조차 하지 않다／一顧だにしない 일고조차 하지 않다 ⇒ 少しも顧みない 조금도 돌아보지 않다

32 「A さえ～なら」A 만 ～ 라면 (만족된다면) 다른 건 괜찮다《A가 최소한의 희망・조건》

33 「A に相当する」⇒ ~ 와 거의 같다【ex】犬の7歳は人の50歳に相当する 개의 7세는 사람의 50세에 상당한다.《「A 相当」⇒ A와 상당하는 (A에는 금액 등이 들어간다)【ex】5000円相当のギフト券 5000엔 상당하는 상품권》

34) たとえ君が悪くなったにせよ ⇒ (사실은 너는 나쁘지 않지만) 만약 그렇다고 해도 ~

35 「(～しても) ～しきれない」⇒ 아무리 ~ 해도 충분하지 않다, 매우 ~ 하고 있다【ox】感謝しきれない 매우 감사하다

問題6

36 (また税金を上げるなんて、まるで) 2 貧乏人は 4 死ねと 3 言わん 1 ばかり (の政策だ。)
또 세금을 올리다니, 마치 가난한 사람은 죽으라고 하는 듯한 정책이다.

37 (子どもが生まれて) 1 からと 3 いうもの 2 一晩中 4 ゆっくり眠った (ことは1日もありません。)
아이가 태어나고부터 밤새 푹 잔 적은 하루도 없습니다.

38 (友人に車を貸したら、飲酒運転をした) 4 あげく 2 ぶつけて壊されて 3 腹が立つ 1 といったら (ない。)
친구에게 차를 빌려줬더니, 음주운전을 한 끝에 충돌해 망가뜨리고, 너무 화가 난다.

39 (カーリングは、) 3 冬季オリンピックを 2 きっかけに 4 知名度が 1 一気に高く (なったスポーツだ。)
컬링은 동계 올림픽을 계기로 지명도가 급격히 높아진 스포츠다.

40 (あの医者は仕事で) 4 多忙を 2 極めている 1 というのに 3 小説を (執筆したりしている。)
그 의사는 일로 매우 바쁘다고 하는데 소설을 집필 하든가 하고 있다.

제6회 모의테스트

問題1

1	4
2	3
3	1
4	2
5	4
6	4

問題2

7	2
8	3
9	1
10	2
11	3
12	4
13	1

問題3

14	3
15	1
16	2
17	3
18	4
19	3

問題4

20	1
21	2
22	4
23	4
24	3
25	1

問題5

26	3
27	1
28	4
29	3
30	1
31	2
32	3
33	2
34	3
35	4

問題6

36	3
37	3
38	2
39	4
40	1

問題7

41	1
42	4
43	2
44	3
45	2

解説

問題5

26 「～にもまして」⇒ ～보다도 더, ～ 이상으로【ex】空腹にもまして眠いのがつらい 공복 이상으로 졸린 것이 더 괴롭다.

27 「A にして～」⇒ A 이기 때문이야 말로 겨우 ～ 할 수 있다, A 조차 못하는 것이므로 다른 사람은 더 할 수 없다《A 에는 정도가 높은 것, 사람이 들어간다》

28 존경어 お＋ます형＋ になる《3「～になりたい」는 조금 지나치게 직접적이다》

29 「命に関わる」⇒ 목숨에 관련된, 죽을 지도 모를 정도의《2　命が危ない　4　死に至る》

30 「～ときたら（いったら）…」⇒ ～은 얼마나 …한지《어의없는 기분을 나타낸다. 문말에도 사용한다.【ex】「まあ、この部屋の汚いこときたら（いったら）! 어쩜, 이 방은 이렇게 더러운지!」》

31 「A たるもの～」⇒ A 의 위치의 사람은 ～ 해야 한다.《A 는 존경할만한 사람이 들어간다.【ex】教師たるもの、学生の手本にならなければ。교사라는 자는, 학생의 모범이 되어야 한다. 》

32 「声を限りに」⇒ 낼 수 있는 만큼 큰 소리로《시간 등을 나타내는 명사 + 限りに」《～을 마지막으로 라는 의미로 사용될 때도 있다【ex】今日を限りに店を閉める 오늘을 끝으로 가게를 닫는다》

33 「A を禁じ得ない」⇒ (어떤 감정을) 누를 수가 없다【ex】驚きを禁じ得ない 놀람을 감출 수 없다 ／怒りを禁じえない 화를 참을 수 없다

34 100% 틀린 것은 아니지만 (부분부정)

35 「～まいか」《추측이나 의사를 나타낸다＝知っていたのだろう》

問題6

36 (多くの学者が) 4　この病気の原因を　1　見つけん　**3　がためめに**　2　必死の (研究にはげんでいる。)
많은 학자가 이 병의 원인을 찾기 위해 필사의 연구에 매진하고 있다.

37 (会場では暑さの) 2　あまり　4　倒れる人も出る　**3　始末で**　1　混乱 (が続いていた。) 会場では 너무 더운 나머지 쓰러지는 사람도 나오는 지경으로 혼란이 계속되고 있었다.

38 (首席で卒業できたことも) 1　うれしかったが　4　それにもまして　**2　うれしかったのが**　3　司法試験に (合格したことだった。) 수석으로 졸업을 한 것도 기뻤지만 그보다 기뻤던 것은 사법시험에 합격한 것이었다.

39 (今思い出せば、子ども時代は子ども) 1　なりの　3　悩みがあって　**4　おさない**　2　ながらも (真剣に悩んだものだ。)
지금 생각해보면, 아이 일 때는 아이 나름의 고민이 있어서 어리지만 진지하게 고민했었다.

40 (「ふだんの君の) 2　実力をもって　**1　すれば**　4　合格は　3　間違い (ないだろう。落ち着きなさい。」)
평소의 자네의 실력을 갖고 있다면 합격은 틀림없을 것이다. 긴장 하지 마.

43

제7회 모의테스트

問題1

1	2
2	3
3	3
4	1
5	2
6	4

問題2

7	4
8	3
9	2
10	1
11	3
12	3
13	4

問題3

14	2
15	3
16	2
17	3
18	1
19	4

問題4

20	4
21	2
22	4
23	3
24	2
25	1

問題5

26	2
27	4
28	1
29	3
30	2
31	1
32	2
33	2
34	4
35	1

問題6

36	3
37	4
38	4
39	2
40	1

問題7

41	1
42	3
43	2
44	4
45	1

解説

問題5

26 「～のあまり（に）…」⇒ ～가 원인으로 …하다
【ex】急ぐあまり転んだ 서두른 나머지 넘어졌다／
悔しさのあまり泣き出した 분한 나머지 울어버렸다

27 「A といい B といい」⇒ A 도 B 도《A 와 B 는 같은 사람 (그룹)에 속한다【ex】このメロンは味といい匂いといい素晴らしい 이 메론은 맛도 좋고 향도 좋고 굉장하다 (같은 메론의 맛과 향을 나열하고 있다)》

28 「～ならまだしも…」⇒ ～한다고 하면 (아직 용서하지만) 게다가…

29 「～にわたって」⇒ (어떤 공간・시간) 의 사이, 계속《「3 カ月にわたる捜査」라고도 말한다.》

30 「동사사전형＋までもなく…」⇒ ～을 하지 않아도 (…은 안다)
【ex】食べるまでもなく、見ただけでまずそうだ 먹어 볼 것도 없이, 보는 것만으로 맛없을 것 같다.

31 「A にあるまじき B」⇒ A 로서는 생각할 수 없는 B《A 에게 기대되는 규범에서, 있어서는 안 되는 B 라는 행동》

32 「言わずもがな」⇒ 말하지 않는 편이 좋다, 말하지 않아도 된다

33 「～といったらない」⇒ 매우 ～《≒といったらありゃしない》

34 「そろう」의 대상은「品物」이므로, 존경은 붙지 않는다.

35 ＝必ず耳に入ってしまうから 반드시 귀에 들어가므로.

問題6

36 （夫は大好きな）2 ゴルフに出かける 4 ため 3 とあれば 1 どんなに（朝早く起きることも平気た。）
남편은 매우 좋아하는 골프를 치러 가기 위해라면 아무리 이른 아침에 일어나는 것도 문제없다.

37 （3月31日）2 を限りに 4 買い物袋の 3 無料サービスは 1 終了します（ので、その後は各自で持参してください。）
3월 31일을 마지막으로 쇼핑봉투의 무료 서비스는 종료하므로, 그 이후는 각자 지참하시기 바랍니다.

38 （さすがに私の祖父は）2 大工だった 3 だけに 4 しろうとの私 1 から見ても（道具の使い方がうまくて、みとれてしまう。）역시 나의 할아버지는 목수였던 만큼 아마추어인 내가 봐도 도구의 사용법이 훌륭해서 넋을 놓고 봐 버린다.

39 （「田中君は仕事は早いんだが、どうも）3 すぐ勘違いする 2 きらいが 1 あるから 4 もう一度（君が確かめてくれないか。」）다나카 군은 일은 빠르지만, 아무래도 금방 착각을 하는 경향이 있으므로, 다시 한 번 자네가 확인해 주겠는가.

40 （彼は、県大会で）4 優勝した 2 からには 1 次の全国大会でも 3 優勝する（つもりだと言ってはばからない。）그는 현 대회에서 우승한 이상, 다음의 전국대회에도 우승할 생각이다 라고 말하는 것을 주저하지 않는다.

제8회 모의테스트

問題1

1	1
2	3
3	1
4	4
5	2
6	4

問題2

7	2
8	3
9	4
10	1
11	2
12	1
13	4

問題3

14	3
15	3
16	2
17	1
18	3
19	4

問題4

20	3
21	1
22	4
23	3
24	4
25	2

問題5

26	1
27	4
28	2
29	4
30	3
31	2
32	2
33	3
34	4
35	3

問題6

36	1
37	1
38	4
39	2
40	3

問題7

41	2
42	1
43	2
44	4
45	3

解説

問題5

26 「～と思いきや…」⇒ ～라고 생각하면《뒤에 예상과 반대의 문장이 온다》

27 「Aをふまえて」⇒ A를 판단하는 근거로서 【ex】アンケートの結果をふまえて政策を立てる 앙케이트의 결과를 기반으로 정책을 세운다

28 「～を皮切りに」⇒ ～을 가장 먼저

29 「～（の）反面…」⇒ ～라는 일면과는 반대로 …

30 「～ではあるまいし」～은 아니니까《어이없는 기분을 나타낸다 「じゃあるまいし」도 같은 의미》

31 「동사ます형＋っこない」～（할 수 있을）리가 없다 【ex】こんな問題、わかりっこない 이런문제, 알 리가 없다

32 「～といったところだ」⇒ ～의 정도이다

33 言う（겸양어）＋「동사ます형＋かねる」⇒할 수 없다

34 「～からといって…」⇒ ～라는 무리가 있어도 반드시 …이지는 않다 【ex】若いからといって体力があるわけではない 어리다고 해서 체력이 있는 것은 아니다.

35 「～にほかならない」⇒（바로）～인 것이다

問題6

36 (「いや、ぼくの好みをあれほど) 2 わかっているのは 3 君を 1 おいて 4 ほかには (いないよ。)
아니, 나의 취향을 그 정도로 알고 있는 것은 너를 빼고는 없어.

37 (ほんのいたずら程度でも、一度麻薬を) 2 吸った 1 が最後 3 もう二度と 4 まともな生活に (戻れなくなるよ。)
정말 작은 장난 정도라도, 한 번 마약을 피면 끝으로 두 번 다시 제대로 된 생활로 돌아 갈 수 없어.

38 (新しい店ができたので出かけた) 1 ところ 3 あまりの込みように 4 中に入る 2 どころ (ではなかった。)
새로운 가게가 생겨서 나갔는데 너무 붐벼서 안에 들어갈 수 없었다.

39 (この不景気だから、すごく高い給料を) 1 くれとは 3 言わないまでも 2 せめて家族が 4 食べていける (くらいは欲しいものだ。)
이 불경기이므로, 매우 높은 월급을 달라고는 말할 수 없지만 적어도 가족이 먹고 살 수 있는 정도는 원한다.

40 (今から急いで) 1 走った 4 ところで 3 間に合い 2 そうもない (から、タクシーに乗りましょう。)
지금부터 서둘러 달린들, 시간에 맞출 것 같지 않으니, 택시를 탑시다.

제9회 모의테스트

問題 1

1	2
2	4
3	1
4	3
5	2
6	1

問題 2

7	3
8	1
9	2
10	1
11	3
12	3
13	4

問題 3

14	1
15	4
16	3
17	2
18	2
19	2

問題 4

20	4
21	3
22	1
23	3
24	2
25	3

問題 5

26	2
27	1
28	2
29	4
30	3
31	1
32	4
33	2
34	1
35	4

問題 6

36	3
37	2
38	1
30	2
40	4

問題 7

41	2
42	4
43	1
44	2
45	2

解説

問題 5

26 「A からして」⇒ (기본적인) A 도 할 수 없으니 , 다른 것은 더…
【ex】彼は口のきき方からしてなってない（まして他の行儀はもっと悪い）그는 말투부터 되어 있지 않다 (하물며 다른 행위는 더 나쁘다)

27 「A に即して」⇒ A 에 적합하게 , 맞춰서
【ex】判例に即して刑を決める 판례에 따라서 형을 결정한다

28 「～せていただく」⇒ 상대의 허가를 얻어 자신이 행위 할 때 사용하는 겸양어

29 「～もの（もん）」⇒ 이유를 나타낸다《허물없는 회화 표현》

30 「동사연용형／명사＋（が／の）ごとき」⇒ ～와 같은《（が／の）는 생략 가능》
【cf】명사＋ごとき～⇒ ～따위에《명사에 경멸의 뉘앙스》

31 「～ともなれば」⇒ ～이 되면 역시《『も』는 강조, 「정도가 심하다」는 기분이 있고, 그 당연한 결과가 이어진다 【ex】上級者ともなれば、このくらい簡単だ 상급자 정도가 되면 이정도는 간단하다》

32 「A のみならず B」⇒ A 뿐만 아니라 B《2 「を問わず」 는 비교의 대상이 필요 【ex】途上国、先進国を問わず 도상국, 선진국을 가리지 않고

33 「～ないものでもない」⇒ ～해도 좋다《타협, 거드름피우는 말투》

34 이유의 강조

35 「それまでだ」⇒ 그걸로 끝이다, 무의미하다

問題 6

36 (「能力や経験) 2 に応じて 3 違いますが 1 1000 円前後 4 といった (ところです。」)
능력이나 경험에 따라 다르지만 1000 엔 전후입니다.

37 (この話は信じがたいが、) 3 十分 2 信用に足る 4 人から 1 得た情報 (なのだから、きっと真実だろう。)
이 이야기는 믿기 어렵지만 충분이 신용할 수 있는 사람한테 받은 정보이므로 분명 진실일 것이다.

38 (村田さんの親は資産家) 2 だけあって 3 裏山から 1 見渡せる 4 限りの (土地を所有している。)
무라타 씨의 부모는 자산가였던 만큼 뒷산에서 바라볼 수 있을 정도의 토지를 수유하고 있다.

39 (今どきの大学生) 4 ときたら 2 高校レベルの勉強 3 はおろか 1 中学レベルの勉強 (だってできない人がたくさんいるそうだ。…) 지금의 대학생으로 말하자면 고등학교 레벨의 공부는 커녕 중학교 레벨의 공부 조차 불가능한 사람이 많다고 한다.

40 (あの学校は、) 1 たとえ 4 1分 2 たりとも 3 遅刻しよう (ものなら、教室に入れてもらえない。)
그 학교는 만약 1 분이라도 지각하면 교실에 들어갈 수 없다.

제10회 모의테스트

問題 1

1	4
2	3
3	3
4	2
5	1
6	4

問題 2

7	2
8	4
9	3
10	1
11	4
12	2
13	4

問題 3

14	1
15	3
16	2
17	3
18	4
19	2

問題 4

20	1
21	3
22	4
23	3
24	2
25	2

問題 5

26	1
27	4
28	2
29	2
30	4
31	1
32	2
33	4
34	1
35	3

問題 6

36	2
37	2
38	1
39	3
40	4

問題 7

41	1
42	4
43	2
44	3
45	1

解説

問題5

26 「～からには…」⇒ ～ 한 이상은… (는) 《～ 하는 상황이라면 …하고 싶다, 해야 한다【ex】オリンピックに出るからにはメダルを取りたい。》올림픽에 나가는 이상 메달을 따고 싶다.

27 「～にはおよばない」⇒ ～할 필요는 없다

28 「～が最後…」⇒ ～을 하면, 다음은 없다
【ex】一回麻薬を吸ったが最後… 한 번 마약을 피면 그것을 끝으로…

29 「동사ない형＋ない限り…」⇒ ～하지 않으면 …라는 결과가 된다
【ex】手術をしない限り、助からないだろう。수술을 하지 않는 한, 목숨을 건지지 못할 것이다.

30 「～を契機として」⇒ 어떤 사건을 계기로

31 「～にたえない」⇒ 너무 심해서 ～ 을 참을 수 없다
【ex】鑑賞にたえない 감상할 가치가 없다

32 「～といえども…」⇒ 아무리 ～ 라 해도…《반대의 문장이 이어진다》

33 손님의 예약한 것을 직원이 틀림없이 받았다고 말하는 장면이므로 '받다' 의 겸양 표현 うけたまわる를 넣어 말해야 한다.
「確かにうけたまわっております 분명히 받았습니다」

34 「～ほかはない」⇒ 할 수 밖에 방법이 없다

35 「～つつも…」＝ ～하면서도…, ～하고는 있지만 거기에 더해…《뒷문장에 반대의 의미가 온다》

問題6

36 (新発売のゲームがほしくて) 1 電気屋 3 という **2 電気屋を** 4 探した (が、どこも完売していた。)
신발매 게임이 갖고 싶어서 전기제품 가게라는 전기제품 가게를 다 찾았지만, 모두 완판되었다.

37 (日本では、音を立ててそばを) 1 食べても 4 失礼に **2 あたらない** 3 らしいが (、私にとっては抵抗がある。)
일본에서는 소리를 내며 메밀국수를 먹어도 실례가 되진 않는 것 같지만, 나에게 있어서는 저항이 있다.

38 (熱しやすく冷めやすい日本人の) 3 ことだから **1 このブームも** 4 一時のもので終わることは 2 想像するに (かたくないね。)
뜨거워지기 쉽고 식어버리기 쉬운 일본인이므로 이 붐도 한 순간에 끝나버리는 것은 상상하기 어렵지 않지.

39 (お世話になってお礼しない) 2 わけにも 4 いかないし **3 社長** 1 ともなれば (安物もあげられないし。…)
신세를 지고 감사를 표하지 않을 수도 없고, 사장이나 되는 분께 싼 물건을 드릴 수도 없고.

40 (客の減ったデパートは) 2 外国人観光客を 3 呼び入れる **4 べく** 1 外国語の話せる (店員をたくさん配置した。)
손님이 줄어든 백화점은 외국인 관광객을 불러 들이기 위해 외국어를 하는 점원을 많이 배치했다.

問題 1		問題 5	
1	1	26	2
2	4	27	3
3	2	28	2
4	3	29	1
5	2	30	4
6	4	31	2
		32	3
問題 2		33	2
7	1	34	3
8	2	35	2
9	3		
10	3	**問題 6**	
11	4	36	4
12	3	37	1
13	2	38	1
		39	2
問題 3		40	3
14	3		
15	2	**問題 7**	
16	2	41	1
17	1	42	4
18	4	43	2
19	1	44	3
		45	4
問題 4			
20	2		
21	4		
22	2		
23	3		
24	1		
25	3		

解説

問題 5

26 「~きらいがある」⇒ ~ 와 같은 나쁜 경향·특징이 있다【ex】彼女はすぐ泣きだすきらいがある 그녀는 금방 울어버리는 경향이 있다.

27 「~だけあって…」⇒ ~라는 이유로 예상할 수 있는 당연한…《＝だけに【ex】首席で卒業しただけあって賢い 수석으로 졸업한 만큼 현명하다／安いだけにすぐ壊れた 싼 만큼 쉽게 부서졌다》

28 「Aをものともせずに」⇒ A 라는 장애물을 문제삼지 않고【ex】周囲の反対をものともせず結婚にこぎつけた 주위의 반대를 무릅쓰고 결혼하기에 이르렀다.

29 「Aに反して…」⇒ A 와는 달리…《예상, 의사, 기대 등과 다른 상태를 나타낸다》

30 「~の一方（で）…」 ~ 라는 상태인 채, 반대의 …도 존재한다.【ex】やさしい一方（で）厳しい母でもある 다정한 한편으로 엄한 어머니이다.

31 「~めいて」⇒ ~와 같은 상태이다, ~같다《동사「めく」의 て형·た형에도 자주 사용된다 【ex】なぞめいた 수수께끼 같다／秘密めいた 비밀인 듯 하다／皮肉めいた 비꼬는 듯 하다》

32 「ご覧に入れる」《見せる의 존경어 ＝ お目にかける》

33 「동사사전형 ＋ ものか」절대 ~ 하지 않아《강한 부정의 의지【ex】もう二度と酒を飲むものか 두 번 다신 술 마시지 않겠다／こんなことで死ぬものか 이런 일로 죽지 않아》

35 「~というものではない」⇒ ~ 을 부정하는 객관적 사실·상식이 있다【ex】金を出せば何をしてもよいというものではない 돈을 내면 무엇을 해도 좋다라고 할 수 없다

問題 6

36 （さびしくなる）3 とはいえ 2 息子も娘も 4 結婚が決まって 1 めでたいこと（ずくめの一年でした。）
외로워진다고는 하지만 아들도 딸도 결혼이 정해져서 경사스러운 일이 가득한 한 해였다.

37 （私の欲しい物を買って）4 くれるなら 2 買い物に 1 つき合わない 3 ものでも（ないんだけどね。）
내가 갖고 싶은 물건을 사 준다면 쇼핑하러 가지 않을 이유도 없지만.

38 （社長が一番えらい）3 といっても 4 社員 1 あっての 2 会社なんだ（から、まず社員を大事にしないと。）
사장이 가장 높다고는 하지만 사원이 있기에 존재하는 회사이기 때문에, 우선 사원을 소중히 하지 않으면.

39 （ここでバーベキューをする）4 こと 1 からして 2 禁止なのに 3 そのうえ（ゴミまで散らかして！）여기서 바베큐를 한다는 것부터 금지인데 게다가 쓰레기까지 어지럽히다니!

40 （ちゃんとお金は送った）1 と 3 思いきや 2 住所を間違えて 4 届いていない（ようだ。）돈을 제대로 보냈다고 생각했는데 주소를 틀려서 도착하지 않은 것 같다.

제12회 모의테스트

問題1		問題5	
1	3	26	1
2	1	27	4
3	2	28	3
4	3	29	3
5	1	30	1
6	1	31	2
		32	4
問題2		33	3
7	3	34	1
8	2	35	1
9	1		
10	3	問題6	
11	4	36	2
12	1	37	3
13	4	38	2
		39	1
問題3		40	4
14	2		
15	1	問題7	
16	2	41	3
17	4	42	4
18	3	43	3
19	2	44	1
		45	1
問題4			
20	2		
21	2		
22	1		
23	3		
24	2		
25	4		

解説

問題5

26 「~が早いか」⇒ ~하자 바로《2 終わったとたんに 3 終わるやいなや》

27 「~（の）こととて」⇒ ~이기 때문에《역접을 나타내는 경우도 있다 ⇒ ~だからとはいえ【ex】知らなかったこととて失礼しました 몰라서 실례를 했습니다.》

28 「A ですら」= ~조차／~라고 해도

29 「~ゆえの…」⇒ ~가 원인의…／~이기 때문에…로 되다
【ex】女ゆえの悩み 여자이기 때문의 고민／知らないがゆえの残酷さ 몰랐기 때문의 잔혹함

30 「A の至り」《어떤 것의 마지막에 이른 상태를 나타낸다. 무한한~「極み」와 거의 같은 의미. 관용적으로 외워두는 것이 좋다
【ex】若気の至り 젊은 혈기의 극치／光栄の至り 무한한 영광》

31 「A ずくめ」⇒ 전부 A이다《cf】まみれ【ex】いいことずくめ 좋은 일 투성이》

32 「A にかこつけて」⇒ A를 핑계로《직접관계 없는 것을 이유로 들 때에 사용한다【ex】病気にかこつけて会議を休んだ 병을 핑계로 회의를 빠졌다》

33 「来る」의 존경어

問題6

36 （カウンターですしを食べるときは、）1 職人が 3 にぎってくれる 2 そばから 4 時間を（あまりおかずに食べてください。）
카운터에서 초밥을 먹을 때는, 장인이 만들어 주는 즉시 시간을 그다지 두지 말고 드세요.

37 （日本人）2 にとっての 1 お風呂というものは 3 体を洗う 4 のみならず（、心をリラックスさせるためのものだ。）
일본인에게 있어서의 욕실이라는 것은 몸을 씻는데 그치는 것이 아니라, 마음을 릴랙스시키기 위한 것이다.

38 （…。大学）1 としては 4 学則 2 にのっとり 3 厳重な処罰（を行わざるを得ない。）
대학으로서는 학칙에 따라 엄중한 처벌을 행해야 한다.

39 （いくら医者）3 といえども 2 自分自身が 1 病気をしない 4 という（わけではないだろう。）
아무리 의사라고 해도 자기자신이 병에 걸리지 않는 것은 아닐 것이다.

40 （彼はもう40歳なのに）1 奥さんに 4 相談する 3 こと 2 なしには（何ひとつ決められない。）
그는 벌써 40세인데 부인에게 상담하지 않고는 어느 것 하나 결정하지 못한다.

第13回 모의테스트

問題1

1	4
2	2
3	1
4	1
5	2
6	3

問題2

7	1
8	2
9	3
10	2
11	1
12	4
13	1

問題3

14	2
15	3
16	2
17	3
18	1
19	4

問題4

20	3
21	1
22	2
23	4
24	1
25	4

問題5

26	1
27	2
28	1
29	3
30	2
31	1
32	2
33	2
34	4
35	2

問題6

36	3
37	2
38	4
39	1
40	4

問題7

41	1
42	3
43	2
44	1
45	4

解説

問題5

26 「Ａといったら〜」⇒ Ａ는 매우 ~ 다《Ａ를 강조【ex】富士山の美しさといったら息をのむほどだ 후지산의 아름다움이라고 하면 숨 죽일 정도이다. 》

27 「〜ながらの」⇒ ~ 인 채 변하지 않는다

28 「〜とは！」⇒ ~라니《驚いた, あきれた 등의 뒷문장이 생략되어 있다》

29 「〜ともなく〜する」⇒ 의식하지 않고 멍하니 ~ 하다【ex】電車で人の話を聞くともなく聞いていると （＝ぼんやり聞いている）전철에서 다른 사람의 말을 그냥 멍하니 듣고 있었는데

30 「〜はしから」＝ 〜するそばから ~ 하자 마자《반복되는 동작을 나타낸다》

31 「〜ともなると…」⇒ ~정도라면, 당연…【cf】ともなれば

32 「〜ずには（ないでは）おかない」⇒ ~ 하지 않고는 마음이 편하지 않다.《본인의 강한 의사를 나타낸다【cf】〜ずにはすまない》

33 사장 → 부하에게 하는 전언이지만, 사이에 비서 등 제 3자가 들어갈 경우, 비서자신은 상대에게 경어를 사용하는 것이 자연스럽다.

34 「食べないことはない」＝ 먹다

問題6

36 （作家として食べていくことの厳しさは）２ 知っていた ４ とはいえ ３ 想像以上の １ ものが （ある。）
작가로서 먹고 사는 것의 어려움은 알고 있었다고는 하지만 상상 이상의 것이었다.

37 （「うーん、）１ 謝りに行く ４ だけでなく ２ 弁償せずには ３ すまない （だろうね。）
음, 사과하러 가는 것 뿐만 아니라 변상하지 않고는 맘이 편하지 않겠지.

38 （子どもが減って）３ きたので ２ やむを得ず ４ 閉園に １ 追い込まれる （幼稚園が少なくない。）
아이 수가 줄었기 때문에 어쩔 수 없이 문을 닫게 되버린 유치원이 적지 않다.

39 （彼はマスコミの批判もライバルの）２ 妨害も １ ものとも ４ せずに ３ 次から次へと （新しい事業を広げていった。）
그는 매스컴의 비판도 라이벌의 방해도 아랑곳 하지 않고 계속해서 새로운 사업을 넓히고 있었다.

40 （君は、数学の成績は）１ すばらしいのに ３ ひきかえ ４ 英語の成績 ２ ときたら （ひどいものだ。）
자네는, 수학 성적은 훌륭한데 비해, 영어 성적은 심하네.

제14회 모의테스트

問題1

1	1
2	3
3	2
4	4
5	1
6	4

問題2

7	1
8	4
9	2
10	4
11	2
12	4
13	3

問題3

14	2
15	4
16	1
17	1
18	3
19	3

問題4

20	2
21	3
22	4
23	2
24	1
25	3

問題5

26	1
27	2
28	1
29	3
30	2
31	4
32	3
33	2
34	2
35	1

問題6

36	4
37	3
38	1
39	4
40	2

問題7

41	3
42	4
43	1
44	2
45	1

解説

問題5

26 「～だけに…」⇒ ～라는 이유로 …이다【ex】元歌手だけに歌がうまい 전직 가수였던만큼 노래를 잘한다

27 「～に際して」⇒ ～라는 시간·사태에 임해서【ex】出発に際して 출발 함에 있어서, 출발 할 때

28 「동사た형＋ところで」⇒ ～해도 (결과는 쓸데없다, 도움이 안 된다 등)

29 「涙ながらに」⇒ 눈물을 흘리면서《관용적, 이대로 외워두는 것이 좋다》

30 「～とばかりに」⇒ 마치 ～ 같이《『と(言わん)ばかりに」에서「言わん」이 생략된 것.【ex】どうだと (言わん) ばかりに、胸を張った 어때 라고 말하는 듯이, 가슴을 폈다》

31 「だったっけ」《생각날 듯할 때의 허물없는 말투「～だっけ」라고도 한다【ex】今日は何日だっけ 오늘은 며칠이더라》

32 사장 → 부장 → 부하 더 낮은 부하에게 말을 전할 경우

33 「～にもまして」⇒ ～ 이상으로《【ex】他の何にもまして健康は大切だ 다른 무엇보다도 건강이 중요하다》

34 「～こそすれ」⇒ ～하는 것은 있어도《【ex】虫歯は悪くなりこそすれ、自然に治ることはない 충치는 나빠지기는 해도, 자연적으로 치유되는 일은 없다》

35 「事ここに至っては」⇒ 어떤 상황이 어떻게 할 수 없을 정도로 나빠져 버려서

問題6

36 (北海道に出張) 1 かたがた 3 足をのばして **4 北国** 2 ならではの (雪景色や流氷を見にいくつもりだ。)
홋카이도에 출장 가면서 발길을 뻗쳐서 북쪽 특유의 눈경치와 유빙을 보러 갈 생각이다.

37 (毎月第三土曜日は休診) 4 ですが 1 急患においては **3 この限り** 2 ではありません (のでお電話ください。)
매월 셋 째 토요일은 휴진입니다만 급한 환자에 있어서는 꼭 그렇지만은 않으니 전화 주세요.

38 (たとえお客がどんなに身勝手) 2 であれ 3 物を売る側 **1 としては** 4 あまり文句も言えない (のが、つらいところです。)
아무리 손님이 제멋대로일지라도 물건을 파는 측으로서는 그다지 불평을 할 수 없는 것이 힘듭니다.

39 (『私) 2 ごとき **4 ふつつか者に** 1 光栄の 3 至り (でございます。」)
저와 같은 못난 사람에게 영광이기 그지 없습니다.

40 (『へえっ、彼があんな美人と結婚) 4 するなんて 3 まったく **2 想像** 1 だに (しなかったよ。」)
세상에, 그가 그런 미인과 결혼하다니 도저히 상상조차 못했어.

問題 1

1	2
2	3
3	1
4	3
5	2
6	4

問題 2

7	3
8	1
9	2
10	4
11	4
12	2
13	3

問題 3

14	3
15	4
16	1
17	3
18	2
19	2

問題 4

20	4
21	2
22	3
23	1
24	4
25	1

問題 5

26	3
27	4
28	2
29	2
30	1
31	1
32	3
33	3
34	2
35	4

問題 6

36	2
37	1
38	3
39	4
40	1

問題 7

41	1
42	1
43	4
44	2
45	3

解説

問題 5

26 「〜といったらありはしない」 의 허물없는 말투

27 「A にひきかえ B は」 ⇒ A 에 비해 (반대로) B 는

28 「〜に足 (り) る」 ⇒ 〜 하기에 충분한 조건의 , 〜 에 부끄럽지 않은《반대 표현은 「〜に足りぬ」「〜に足り (ら) ない」【ex】取るに足らない問題だ 받아들이기에 부족한 문제이다》

29 「〜からこそ」《이유의 강조【ex】好きだからこそ嫌いなふりをする 좋아하기 때문에 싫어하는 척 한다／心配するからこそ叱る 걱정하기 때문이야말로 혼내다》

30 「〜もあり得る」 ⇒ (가능성은 적지만) 그런 일이 있을지도 모른다

31 「동사ます형／명사+がち」 ⇒ 자연스럽게 〜 하기 쉬운 경향이 있다【ex】病気がち 병에 걸리기 쉬움

32 「〜極まりない」⇒ 〜위에 없다, 매우 〜《「〜極まる」도 같은 의미》

33 「〜はずがない」⇒ 〜 라는 것은 있을 수 없다 ＝〜わけがない

34 「〜以外の何ものでもない」⇒ 바로 〜 이다

35 わかる ＋ にくい의 복합어를 경어로 사용하고 있다

問題 6

36 (その小さな居酒屋は、夕暮れ時) 4 とも 1 なれば 2 どこからともなく 3 人が集まってきて (つねに満席だった。)
이 작은 선술집은 해질 무렵이 되면 어디서라고 할 것 없이 사람이 모여 들어 늘 만석이었다.

37 (あの目立たなかった男がこんな有名に) 2 なるとは 3 まさに 1 驚きを 1 禁じ得ない (とはこのことだ。)
그 눈에 띄지 않던 남자가 이렇게 유명해질 줄은 정말 놀람을 금할 수 없다.

38 (「農家が一年間、汗と泥) 4 まみれになって 1 育てた作物を 3 盗むなんて 2 許すべからざる (行為だね。」)
농가가 일 년간, 땀과 흙 투성이가 되서 키운 작물을 훔치다니 용서할 수 없는 행위야.

39 (たとえ失敗しても、) 2 実際に 1 経験すれば 4 こそ 3 本当に理解できる (こともあるんですよ。)
아무리 실패해도, 실제로 경험해서야 말로 정말 이해할 수 있는 것도 있어.

40 (「おいそがしい) 2 ところを 3 恐縮ですが 1 この問題に 4 かけては (先生以上に詳しい人がいないので、執筆をお願いできますか。」)
바쁘신 중에 죄송합니다만, 이 문제에 있어서는 선생님 이상으로 잘 아는 사람이 없기 때문에, 집필을 부탁드릴 수 있을까요.

동사 (1) 정답·어휘 뜻
p.4~8

問題 1

(あざむ)く 속이다, 기만하다

(あやつ)る 조작하다, 놀리다

(あやま)る 잘못하다

(あらた)まる 개선되다, 격식을 차리다

(いとな)む 경영하다, 영위하다

(いど)む 도전하다

(うるお)う 습기를 띠다, 넉넉해지다

(お)いる 늙다, 노쇠하다

(おか)す 침범하다, 침해하다

(おか)す 어기다, 범하다

(お)しむ 아까워하다, 꺼리다

(おそ)う 습격하다, 들이닥치다

(おとろ)える 쇠퇴하다

(お)びる 지니다, 어떤 경향을 띠다

(かえり)みる 돌이켜보다, 반성하다

(か)く 결여하다, 깨다

(かたむ)ける 기울게 하다

(から)む 휘감기다, 밀접한 관계를 갖다

(か)わす 주고받다, 나누다

(きず)く 쌓다, 구축하다

(きた)える 단련하다, 훈련하다

(こころざ)す 뜻을 세우다, 지망하다

(こ)りる 넌더리나다, 질리다

(さず)ける 하사하다, 전수하다

(し)いる 강요하다

(した)う 사모하다, 우러르다

(すた)れる 쓸모없게 되다, 한물가다

(す)ます 마치다, (다른 것으로)때우다

(そむ)く 등을 돌리다, 위반하다

(た)える 끊어지다, 없어지다

(た)える 견디다, 참다

(たずさ)わる 관여하다, 종사하다

(たまわ)る 받다(겸양어), 하사하다

(つ)くす 다하다, 진력하다

(つくろ)う 수선하다, 매만지다

(つつし)む 조심하다, 삼가다

(つ)む (손끝으로) 따다, 잡다

(つらぬ)く 꿰뚫다, 관철하다

(と)く 설명하다, 설득하다

(と)ぐ 갈다, 닦아서 윤을 내다

(と)げる 달성하다, 마치다

(とどこお)る 밀리다, 정체되다

(とな)える 외치다, 읊다

(ともな)う 동반하다, 어울리다

(なげ)く 한탄하다, 분개하다

(ぬ)かす 빠뜨리다, (腰を~)놀라다

(ねた)む 질투하다, 샘내다

(ね)る 반죽하다, 연마하다

(のぞ)む 면하다, 임하다

(はげ)ます 격려하다, 목소리를 높이다

(はげ)む 힘쓰다, 노력하다

(は)じらう 부끄러워하다, 수줍어하다

(はず)す 떼다, 풀다

(は)たす 달성하다, 다하다

(ひき)いる 거느리다, 통솔하다

(ふく)れる 부풀다, 커지다

(ほこ)る 자랑하다, 뽐내다

(ほどこ)す 베풀다, 시행하다

(ま)かす (상대를)지게하다, 이기다

(まぎ)れる 혼동되다, 헷갈리다

(まぬか)れる 피하다, 벗어나다

(み)たす 채우다, 만족시키다

(みちび)く 안내하다, 지도하다

(めぐ)る 돌다, 여기저기 들르다

(もよお)す (어떤 기분을)불러일으키다, 개최하다

(やしな)う 양육하다, 부양하다

問題 2) 정답

1

1. 欺く

2. 惜しんで

3. 欠いて

4. 築く

5. 背く

6. 貫く

7. 説く

8. 研ぐ

9. 嘆く

10. 導く

2

1 潤う

2 襲う

3 慕って

4 繕う

5 伴う

6 恥じらう

7 養う

3

1 絡んで

2 挑む

3 慎む

4 摘む

5 妬む

6 励ます

4

1 満たす

2 志して

3 外す

4 尽くして

5 抜かす

5

1 臨む

2 励む

3 営む

4 犯す

5 侵して

6 交わす

7 果たす

8 負かす

6

1 操る

2 誤まって

3 改まる

4 衰える

5 帯びる

6 顧みる

7 傾ける

8 施す

9 催す

7

1 老いる

2 鍛える

3 懲りて

4 授ける

5 強いる

6 廃れる

7 耐える

8

1 絶えて

2 携わる

3 賜る

4 滞る

5 唱えて

6 遂げる

7 練る

9

1 率いて

2 膨れる

3 紛れて

4 免れる

5 巡って

6 誇る

동사 (2) 정답

p.9~10

1

1 いじる

2 いたわる

3 おだてて

4 かさんで

5 かぶれる

6 きしむ

7 くぐる

8 こじれる

9 こだわる

2

1 ごまかす

2 さえずる

3 さぼって

4 さらわれる

5 そびえる

6 ぼける

7 あつらえる

8 へりくだる

9 とろける

10 ねだる

3

1 ばてる

2 ばらまく

3 ぼやけて

4 すすぐ

5 みなす

6 むしって

7 かさばる

8 もてなす

9 もてる

10 もめる

복합동사 정답

p.11〜13

1

1 受け継ぐ

2 落ち込む

3 手がける

4 切り替える

5 読み上げる

6 取り付ける

7 さしつかえる

8 立て替える

9 立ち寄る

2

1 受け流す

2 取り次ぐ

3 割り込む

4 引き下げる

5 取り戻す

6 見直す

7 受け持つ

8 追い込む

9 仕上げる

10 見かける

3

1 見送る

2 取り立てる

3 取り除く

4 振り返る

5 見落とす

6 たどりつく

7 盛り上がる

8 申し出る

4

1 追い出す

2 逃げ出す

3 取り組む

4 押し込む

5 押し寄せる

6 傷付く

7 心がける

5

1 受け止める

2 引き起こす

3 引きずる

4 立ち去る

5 組み合わせる

6 問い合わせる

7 引き取る

6

1 差し出す

2 打ち明ける

3 口ずさむ

4 成り立つ

5 見渡す

6 見習う

7 見慣れる

い형용사 정답

p.14〜16

1

1 すばしこい

2 心強い

3 いさぎよい

4 おびただしい

5 あっけない

6 うさんくさい

7 悩ましい

8 あくどい

2

1 名高い

2 そうぞうしい

3 切ない

4 快い

5 だるい

6 たくましい

7 あさましい

8 たやすい

3

1 いやしい

2 待ち遠しい

3 すがすがしい

4 荒っぽい

5 情けない

6 真ん丸い	
7 目覚ましい	
8 かるがるしい	
9 ふさわしい	
10 わずらわしい	

4

1 よそよそしい
2 けがらわしい
3 好ましい
4 心細い
5 情け深い
6 まぎらわしい
7 物足りない
8 みすぼらしい
9 はかない
10 さえない

5

1 ややこしい
2 はなばなしい
3 なまぐさい
4 欲深い
5 ばかばかしい
6 とぼしい
7 いやらしい
8 ひさしい

な형용사 정답
p.17~21

問題1
(あざ)やかな 선명한, 뛰어난

(いんき)な 음침한, 침울한
(えんまん)な 원만한
(おおがら)な 큼직한
(おおはば)な 폭이 큰
(おだ)やかな 평온한, 차분한
(かっきてき)な 획기적인
(かっぱつ)な 활발한
(かみつ)な 과밀한
(かんい)な 간이한
(かんけつ)な 간결한
(がんこ)な 완고한
(がんじょう)な 튼튼한
(かんそ)な 간소한
(かんよう)な 너그러운
(きがる)な 가벼운, 간편한
(きゅうげき)な 급격한
(きょうこう)な 강경한
(きんべん)な 근면한
(けいそつ)な 경솔한
(けんぜん)な 건전한
(げんみつ)な 엄밀한
(けんめい)な 현명한
(こうしょう)な 고상한
(こうていてき)な 긍정적인
(こがら)な 작은, 자작한
(こどく)な 고독한
(こゆう)な 고유한
(ざんこく)な 잔혹한
(しっそ)な 검소한
(じゅうなん)な 유연한
(しょみんてき)な 서민적인

(すこ)やかな 튼튼한, 건전한
(せいじつ)な 성실한
(せいだい)な 성대한
(せいとう)な 적당한
(せいみつ)な 정밀한
(せつじつ)な 절실한
(ぜんりょう)な 선량한
(そうきゅう)な 조급한
(たいとう)な 대등한
(たぼう)な 다망한
(たんちょう)な 단조로운
(ちゅうじつ)な 충실한
(つうかい)な 통쾌한
(てがる)な 간편한, 손쉬운
(どくじ)な 독자적인
(なご)やかな 온화한, 부드러운
(ひていてき)な 부정적인
(びんかん)な 민감한
(ひんじゃく)な 빈약한
(ふしん)な 부진한
(ふしん)な 수상한
(ふとう)な 부당한
(ふめい)な 명확치 않은
(ぶれい)な 무례한
(ほしゅてき)な 보수적인
(みじゅく)な 미숙한
(みっせつ)な 밀접한
(むいみ)な 무의미한
(むくち)な 과묵한
(むこう)な 무효한
(むじゃき)な 순진한

(むだ)な 쓸데없는, 헛된
(むちゃ)な 무리한, 당치않은
(むのう)な 무능한
(めいりょう)な 명료한
(めいろう)な 명랑한
(ゆうえき)な 유익한
(ゆうかん)な 용감한
(ゆうぼう)な 유망한
(りょうこう)な 양호한
(れいこく)な 냉혹한
(れいたん)な 냉담한

問題2 정답

1

1 無意味な
2 頑固な
3 円満な
4 大幅な
5 簡潔な
6 強硬な
7 忠実な
8 単調な
9 高尚な
10 柔軟な

2

1 軽率な
2 大柄な
3 不振な
4 簡素な
5 保守的な

6 孤独な
7 寛容な
8 過密な
9 頑丈な
10 不審な

3

1 陰気な
2 活発な
3 勤勉な
4 厳密な
5 残酷な
6 明瞭な
7 鮮やかな
8 健やかな
9 肯定的な
10 庶民的な

4

1 画期的な
2 賢明な
3 簡易な
4 健全な
5 無邪気な
6 不当な
7 有望な
8 多忙な
9 対等な
10 否定的な

5

1 無駄な
2 独自な
3 誠実な

4 穏やかな
5 無能な
6 盛大な
7 無礼な
8 切実な
9 痛快な
10 手軽な

6

1 和やかな
2 冷淡な
3 勇敢な
4 良好な
5 早急な
6 精密な
7 無口な
8 未熟な
9 気軽な

7

1 善良な
2 貧弱な
3 正当な
4 冷酷な
5 明朗な
6 有益な

8

1 無効な
2 急激な
3 質素な
4 不明な
5 密接な
6 小柄な

7 敏感な

8 無茶な

9 固有な

부사 · 의성어 · 의태어 등

1

1 かろうじて

2 まるごと

3 さぞ

4 ぐっと

5 まごまご

2

1 きっかり

2 だぶだぶ

3 いまさら

4 まさしく

5 いやいや

6 おのずから

7 きわめて

3

1 がっちり

2 ながなが

3 いかにも

4 くっきり

5 さほど

6 いざ

4

1 ふらふら

2 なおさら

3 ひいては

4 終始

5 なにとぞ

5

1 あっさり

2 びっしょり

3 ほっと

4 さも

5 じっくり

6

1 はなはだ

2 ぶらぶら

3 ひんやり

4 きっぱり

5 がっしり

7

1 ぶかぶか

2 しんなり

3 めいめい

4 ずらっと

5 かねて

6 おいおい

8

1 まるまる

2 ぺこぺこ

3 やんわり

4 わざわざ

5 やまやま

가타카나어 정답

1

1 タイムリー

2 リード

3 アップ

4 フィット

5 システム

6 ウイルス

7 サイクル

2

1 ナンセンス

2 リスト

3 マーク

4 アーカイブ

5 ニュアンス

6 フロント

7 リアリティー

3

1 インフラ

2 コミカル

3 モニター

4 フィルター

5 ケース

6 ラベル

7 ブーム

4

1 ベース

2 キープ

3 ファイル

중요 한자숙어 정답·어휘 뜻
p.30~35

圧 あっとう 압도

　あっぱく 압박

暗 あんさつ 암살

異 いぎ 이의

　いどう (인사) 이동

　きょうい 경이

依 いぜん 의연

　いらい 의뢰

意 いこう 의향

　いじ 고집

　いと 의도

　いよく 의욕

運 うんちん 운임

　うんよう 운용

大 おおかた 대부분, 많음

　おおがら 큼직함

　おおすじ 대략

応 おうきゅう 응급

　おうぼ 응모

過 かみつ 과밀

　かろう 과로

改 かいかく 개혁

　かいてい 개정

　かいりょう 개량

解 かいじょ 해소

確 かくしん 확신

　かくほ 확보

　かくりつ 확립

外 がいかん 외관

観 かんてん 관점

鑑 かんしょう 감상

感 かんせん 감염

勘 かんじょう 셈, 계산

慣 かんれい 관례

気 きしつ 기질

　きひん 기품

　きふう 기풍

	きしょう 기상	結 けっせい 결성	購 こうにゅう 구입

きしょう 기상
機 きこう 기구
きのう 기능
どうき 동기
規 きせい 규제
きはん 규범
きぼ 규모
きやく 규약
却 きゃっか 각하
ぼうきゃく 망각
強 きょうこう 강행
きょうせい 강제
共 きょうかん 공감
きょうぞん 공존
きょうわ 공화
協 きょうぎ 협의
きょうてい 협정
教 きょうくん 교훈
経 けいい 경위
けいか 경과
けいひ 경비
けいれき 경력
けいろ 경로
軽 けいげん 경감
けいし 경시
けいしょう 경증
形 けいせい 형성
けいせい 형세
けいたい 형태
決 けつい 결의
けっしょう 결승

結 けっせい 결성
けっそく 결속
けっしょう 결정, 결실
権 けんい 권위
けんげん 권한
けんりょく 권력
きけん 기권
現 げんこう 현행
げんち 현지
原 げんそく 원칙
げんてん 원점
健 けんざい 건재
けんとう 건투
減 げんしょう 감소
げんてん 감점
個 ここ 개개, 하나하나
こべつ 개별
顧 こきゃく 고객
あいこ 애고
かいこ 회고
誤 ごさ 오차
さくご 착오
交 こうえき 교역
こうご 교호, 번갈아 함
こうしょう 교섭
こうたい 교체
好 こうお 호오, 좋아함과 싫어함
こうかん 호감
こうき 호기, 좋은 기회
こうてん 호전
あいこう 애호

購 こうにゅう 구입
こうどく 구독
こうぼ 공모
公 こうえん 공연
こうかい 공개
こうげん 공언
こうにん 공인
こうりつ 공립
抗 こうぎ 항의
こうそう 항쟁
国 こくぼう 국방
こくれん 국련, 국제연합
こっこう 국교
根 こんき 근기, 끈기
こんきょ 근거
こんてい 근저, 기초
こんぽん 근본
細 さいしん 세심
さいぼう 세포
採 さいけつ 채결
さいたく 채택
さいよう 채용
産 さんしゅつ 산출
さんぶつ 산물
山 さんみゃく 산맥
資 しかく 자격
しきん 자금
しさん 자산
自 じこ 자기
じざい 자재, 자유자재
じりつ 자립

支 しじ 지지
しゅうし 수지

視 しさつ 시찰
してん 시점
しや 시야
かんし 감시

実 じっか 실가, 생가
じつぎょうか 실업가
じっしつ 실질
じっせん 실천
じったい 실태

収 しゅうえき 수익
しゅうし 수지
しゅうしゅう 수집
しゅうよう 수용

修 しゅうし 석사
しゅうりょう 수료

出 しゅつえん 출연
しゅつげん 출현
しゅっし 출자
しゅっしゃ 출사
しゅっせ 출세
しゅっぴ 출비
しゅっぴん 출품
てきしゅつ 적출
りゅうしゅつ 유출

所 しょざい 소재
しょじ 소지
しょぞく 소속
しょてい 소정
しょとく 소득

しょゆう 소유

指 してき 지적

新 しんこん 신혼
しんじん 신인
しんちく 신축

進 しんこう 진행
しんしゅつ 진출
しんてい 진정, 드림
しんてん 진전

人 じんかく 인격
じんざい 인재
じんみん 인민

真 しんじつ 진실
しんそう 진상
しんり 진리

水 すいげん 수원

推 すいしん 추진
すいそく 추측
すいり 추리

正 まさゆめ 정몽, 맞는 꿈
ていせい 정정

成 せいか 성과
せいちょう 성장
せいねん 성년

生 せいいく 생육

精 せいえい 정예
せいさん 정산

世 せだい 세대
せろん 세론, 여론

戦 せんとう 전투

相 そうおう 상응

そうば 시세, 투기적 거래

創 そうぞう 창조

妥 だきょう 타협
だとう 타당

対 たいこう 대항
たいしょ 대처
たいとう 대등
たいひ 대비
たいめん 대면

大 たいか(おおや) 대가
たいきん／おおがね
　대금, 큰돈, 거금
たいしゅう 대중
たいし 대사
たいやく 대역, 큰 역할

退 たいがく 퇴학
たいじ 퇴치
たいしょく 퇴직

体 たいかく 체격
たいけん 체험
たいりょく 체력

単 たんか 단가
たんしん 단신

中 ちゅうけい 중계
ちゅうしょう 중상
ちゅうどく 중독

抽 ちゅうしょう 추상

調 ちょういん 조인
ちょうてい 조정, 중재
ちょうり 조리
ちょうわ 조화

沈	ちんもく 침묵	内	ないかく 내각	復	ふっかつ 부활
手	てあて 준비, 수당, 치료		ないぶ 내부		ふっこう 부흥
	てぎわ 솜씨, 수완		うちわけ 내역, 명세	分	ぶんざい 분수, 처지
	てじゅん 수순, 절차	熱	ねつい 열의		ぶんさん 분산
	てはい 수배	把	はあく 파악		ふんべつ （ぶんべつ）
	しゅほう 수법	破	はかい 파괴		분별
	しゅわん 수완		はき 파기	偏	へんあい 편애
	めいしゅ 명수		はさん 파산		へんくつ (성질이) 삐뚤어져 있음
	にゅうしゅ 입수	配	はいせん 배선		へんけん 편견
提	ていきょう 제공		はいとう 배당		へんざい 편재
	ていけい 제휴		はいふ 배포	保	ほいく 보육
	ていじ 제시		はいりょ 배려		ほけん 보험
適	てきせい 적성	発	はつが 발아		ほご 보호
天	てんさい 천재		はっくつ 발굴		ほしょう 보장
	てんさい 천재		はつげん 발언	法	ほうあん 법안
転	てんかん 전환		はっせい 발생		ほうがく 법학
	てんきん 전근	繁	はんじょう 번성		ほうてい 법정
同	どうい 동의	悲	ひかん 비관	放	ほうき 포기
	どうかん 동감		ひがん 비원, 비장한 소원		ほうち 방치
	どうきょ 동거	人	ひとがら 인품	暴	ぼうどう 폭동
	どうし 한패, 동아리		ひとめ 남의 눈, 남의 시선		ぼうりょく 폭력
	どうじょう 동정	一	ひといき 한숨 돌림, 단숨	補	ほきゅう 보급
	どうちょう 동조	頻	ひんど 빈도		ほじゅう 보충
統	とうせい 통제	不	ふい 불의		ほじょ 보조
	とうそつ 통솔		ふきょう 불황		ほしょう 보상
特	とくぎ 특기		ふきょう 흥이 깨짐, 역정		ほそく 보족, 보충해 채움
	とくせい 특제		ふけいき 불경기		ほりょ 포로
	とくせつ 특설		ふりょ 불의, 뜻밖	本	ほんかく 본격
独	どくさい 독재	風	ふうしゅう 풍습		ほんしつ 본질
	どくせん 독점		ふうぞく 풍속		ほんしょう 본성
	どくそう 독창		ふうど 풍토		ほんたい 본체

ほんね 속마음

ほんのう 본능

ほんば 본고장

ほんぶん 본분

ほんりょう 본령, 본질

未 みち 미지

みてい 미정

みれん 미련

密 みっしゅう 밀집

みつど 밀도

みっぷう 밀봉

みつゆ 밀수

無 むだん 무단

むろん 물론

名 めいぎ 명의

めいさん 명산

めいじつ 명실

めいぼ 명부

めいよ 명예

とくめい 익명

ばいめい 매명

摸 もけい 모형

もはん 모범

もほう 모방

野 やとう 야당

有 ゆうき 유기

ゆうしきしゃ 유식자

要 ようし 요지

ようせい 요청

ようりょう 요령

余 よか 여가

よち 여지

予 よげん 예언

よそう 예상

理 りろん 이론

立 りつあん 입안

りっぷく 화를 냄

りっぽう 입방, 세제곱

冷 れいき 냉기

れいきゃく 냉각

れいぐう 냉우, 냉대

저자 소개

日本語能力試験問題研究会

香取文子(かとり ふみこ)

比田井牧子(ひだい まきこ)

国書刊行会編集部

新일본어능력시험 **직전대책 15회분 실전모의고사**

N1 언어지식 (문자·어휘, 문법)

초판 발행	2010년 11월 25일
1판 10쇄	2024년 2월 29일

저자	일본어능력시험문제연구회
책임 편집	조은형, 김성은, 오은정, 무라야마 토시오
펴낸이	엄태상
편집 협력	武田多恵子
콘텐츠 제작	김선웅, 장형진
마케팅	이승욱, 왕성석, 노원준, 조성민, 이선민
경영기획	조성근, 최성훈, 김다미, 최수진, 오희연
물류	정종진, 윤덕현, 신승진, 구윤주

펴낸곳	시사일본어사(시사북스)
주소	서울시 종로구 자하문로 300 시사빌딩
주문 및 교재 문의	1588-1582
팩스	0502-989-9592
홈페이지	www.sisabooks.com
이메일	book_japanese@sisadream.com
등록일자	1977년 12월 24일
등록번호	제300-1977-31호

ISBN 978-89-402-7221-3 13730

日本語組版　株式会社シーフォース

新 JLPT 일본어능력시험

N1 직전대책

15회분
실전모의고사

언어지식 문자·어휘 / 문법